LETTRES A M. HATTON,

JUGE D'INSTRUCTION,

AU SUJET

DE L'INCROYABLE ACCUSATION

INTENTÉE CONTRE

M. LIBRI,

CONTENANT DE CURIEUX DÉTAILS SUR TOUTE CETTE AFFAIRE;

PAR M. PAUL LACROIX,

(BIBLIOPHILE JACOB),

Membre de la Commission des monuments historiques et du Comité
des documents inédits de l'Histoire de France.

꧁꧂

PARIS.

PAULIN, RUE RICHELIEU, 68.

—

1849.

LETTRES A M. HATTON,

JUGE D'INSTRUCTION,

AU SUJET

DE L'INCROYABLE ACCUSATION

INTENTÉE CONTRE

M. LIBRI,

CONTENANT DE CURIEUX DÉTAILS SUR TOUTE CETTE AFFAIRE;

PAR M. PAUL LACROIX,

(BIBLIOPHILE JACOB),

Membre de la Commission des monuments historiques et du Comité
des documents inédits de l'Histoire de France.

PARIS.

PAULIN, RUE RICHELIEU, 68.

1849.

Imprimerie de Hennuyer et Ce, rue Lemercier, 24, Batignolles.

AVERTISSEMENT.

Ces lettres, que je crois devoir publier, comme une éclatante protestation en faveur de M. Libri, comme une preuve de son innocence, comme un défi à ses calomniateurs, ces lettres forment l'ensemble des dépositions que M. le juge d'instruction m'avait permis de lui transmettre. Ces dépositions, je les ai écrites au courant de la plume, sans notes, sans brouillon, sans ratures ; je ne pense pas même les avoir relues avant de les lui envoyer : c'était l'expression sincère et spontanée de ma conscience.

En relisant depuis la copie que je destinais à M. le ministre de la justice, je me suis aperçu de certaines erreurs involontaires que la rapidité de la rédaction m'avait fait commettre dans ces lettres, et que la promptitude de leur envoi ne m'avait pas laissé le temps de corriger. Ce sont là des *lapsus mentis seu calami*, qui, loin de diminuer la valeur de mes dépositions, l'augmentent, au contraire, en témoignant de leur vivacité et de leur franchise. N'ayant rien à cacher, rien à déguiser, rien à feindre, je n'avais pas à me mettre en garde contre ma distraction naturelle ; j'ai écrit de même que j'aurais parlé ; en quelque sorte, je me suis fait mon propre sténographe ; de là, quelques inexactitudes, quelques fautes d'attention, que je rectifie aujourd'hui et que M. le juge d'instruction a sans doute déjà rectifiées lui-même sur l'original.

Personne ne saurait trouver mauvais que je rende publiques les dépositions dans lesquelles je me présente à titre de témoin à décharge ; je ne crains pas

de répéter hautement ce que j'ai dit au juge d'instruction, dans l'intérêt de la vérité. J'ajouterai encore qu'il
me semble utile que les dépositions des témoins soient
recueillies littéralement, *in extenso*, par le procédé de
la sténographie, et non pas seulement par extrait,
d'après un résumé dicté par le juge d'instruction qui,
sans le vouloir, dénature souvent le sens et le caractère
de ces dépositions. Cette réforme à introduire dans la
procédure criminelle est une des plus urgentes qu'on
puisse proposer entre toutes celles que réclame l'administration de la justice en France.

Nous espérons que plusieurs de ces réformes seront
d'ailleurs indiquées par la marche qu'a suivie l'affaire
de M. Libri. Depuis dix-huit mois, ce savant distingué
est sous le coup d'une accusation odieuse et ridicule
qui a mis la main sur son honneur, sur sa fortune et
sur la liberté !

A qui demander compte de cette longue et cruelle
prévention ? Qui portera la peine de tant d'irrégulari-
tés, de tant de noirceurs, de tant de haines ? Ces dix-
huit mois de tortures morales infligées à un honnête
homme calomnié, quelle en sera la réparation, sinon
la compensation ? M. Libri devra-t-il se déclarer satis-
fait, quand le magistrat aura reconnu et proclamé son
innocence ? Non, M. Libri dira tout à l'heure au magistrat : «Vous n'avez rempli que la moitié de votre tâche,
en me réhabilitant dans l'opinion publique, qu'on avait
pervertie à mon égard : d'accusé, je deviens accusateur;
la victime se relève pour châtier ses ennemis; maintenant, juge, vengez-moi ! »

PAUL LACROIX
(Bibliophile Jacob).

LETTRES
A M. HATTON,

JUGE D'INSTRUCTION.

I.

Monsieur le juge d'instruction,

Lorsque j'ai été mandé devant vous au mois de février, vous m'avez invité à vous remettre une note détaillée contenant ma déposition en faveur de M. Libri : je vous annonçai alors que cette note se-trouverait en partie dans une pièce signée de moi, que j'avais remise à M. Libri lui-même, et qui paraîtrait dans un Mémoire de l'accusé. Ce Mémoire a été publié, et j'ai eu l'honneur de vous l'adresser. Il contient non-seulement la pièce en question, mais plusieurs lettres, également signées de moi, qui comprennent la plupart des témoignages que j'avais à vous communiquer sous forme de déposition.

Quand, au mois de juin, je me suis présenté une seconde fois, de mon chef, mais d'après votre autorisation formelle, à votre cabinet, vous m'avez demandé de nouveau une note écrite, en refusant d'entendre des explications verbales qui, à votre avis, auraient eu le tort d'être trop fugitives ou trop vagues [1].

Je répondrai donc à votre désir, en vous envoyant successivement, et au fur et à mesure qu'elles s'offriront à mon esprit, les réfutations que je crois pouvoir opposer à une ac-

[1] M. le juge d'instruction me manda dans son cabinet vers le mois de février, si ma mémoire n'est pas en défaut : il voulut bien écouter les longues explications dans lesquelles j'entrai au sujet de l'accusation intentée contre M. Libri ; je parlai presque seul pendant près de deux heures, car il m'interrompit peu, et ne m'adressa aucune question sur les faits

cusation encore indécise ou du moins secrète. Ces réfutations, toutes spontanées de ma part, écrites au courant de la plume, n'auront jamais la réserve et la sobriété d'une déposition judiciaire. Vous voudrez bien, je l'espère, en excuser la forme, s'il y a lieu, et n'y voir que mon désir d'apporter quelques lumières spéciales dans une affaire où les savants les plus impartiaux se plaindraient peut-être de ne pas voir clair.

Je me bornerai aujourd'hui à établir quelques points principaux, que je maintiendrai de toute la force de ma conviction.

M. Libri a été accusé par ses ennemis d'avoir soustrait des livres, des autographes et des manuscrits dans différents dépôts publics de la France.

1° Les livres soustraits, ou M. Libri les a vendus lui-même, ou ils ont été saisis chez lui après son départ. Saisis, un inventaire régulier le prouvera sans doute [1]; vendus, c'est là un fait de notoriété, si le catalogue imprimé de sa Bibliothèque en témoigne.

En conséquence, M. Libri donnera tous les renseignements utiles sur la provenance des livres qui ont fait partie de la vente qu'il a faite avec un éclat et une publicité que

de la cause; mais il ne prit pas de notes sur mes dépositions, qu'il m'invita seulement à lui transmettre par écrit. Lorsque je me présentai une seconde fois, vers le commencement de juin, au cabinet de M. le juge d'instruction, sans avoir été mandé, il ne voulut pas m'entendre, et il me réitéra toutefois l'invitation de déposer par écrit toutes les indications ou explications que je croirais devoir lui communiquer. Je lui demandai la permission de lui lire seulement une lettre de M. Libri, relative à un fait très-simple, dont les experts avaient grossi étrangement l'importance (Voy. plus loin, pages 20 et 54): il refusa également d'entendre cette lecture. Je me plais à déclarer, d'ailleurs, que M. le juge d'instruction, lors de ma première visite, me témoigna personnellement beaucoup de bienveillance et s'exprima, en termes fort honorables pour moi, à l'égard des sentiments qui me faisaient embrasser la défense de l'accusé : « Poursuivez, me dit-il, la mission généreuse que vous vous êtes donnée; n'épargnez rien pour aider la justice à découvrir la vérité. »

[1] Voyez plus loin, page 27.

l'on peut regarder comme réponse suffisante à toute supposition défavorable contre l'origine de ces livres.

M. Libri ne doit pas reconnaître comme *trouvés en sa possession* tous les livres qu'on représenterait, sans avoir dressé procès-verbal régulier de la saisie desdits livres. Il se borne seulement à déclarer qu'il a acheté des livres en France et à l'étranger, sur simple mention de catalogue, et sans les avoir préalablement examinés; il rappelle, en outre, avec raison, qu'il s'est plusieurs fois rendu acquéreur de *parties* de livres considérables, et qu'il en a pris livraison sans aucun examen antérieur ni postérieur [1].

C'est là, pour tout expert en fait de livres, une explication très-plausible de l'existence de quelques volumes à estampille de bibliothèques publiques, dans une grande collection particulière de livres formée par un amateur.

J'ajouterai que toute soustraction de livres dans un dépôt public ne peut être expliquée que de trois façons : c'est un vol, comme tous les vols, pour en faire argent ; ou bien c'est un vol de maniaque, pour s'emparer d'un objet convoité et le garder précieusement ; ou bien c'est un vol de monomane, un acte de démence involontaire, habituelle ou accidentelle. Le caractère et la position de M. Libri répondent assez de l'impossibilité des soustractions de livres qu'on lui impute.

[1] En une seule fois, M. Libri acheta, pour la somme de 35,500 francs, tout le cabinet de M. Techener, c'est-à-dire plusieurs milliers de volumes qui furent transportés en bloc à la Sorbonne, sans avoir été examinés, ni inventoriés. Depuis, au moment de faire le catalogue de cette collection de livres, on a reconnu qu'il s'y trouvait un gros volume portant l'estampille du *Musée Calvet* d'Avignon. Conformément aux instructions générales données par M. Libri aux rédacteurs de son catalogue (voy. *Lettre à M. de Falloux*, p. 34), une des personnes qui rédigeaient ledit catalogue reçut de lui l'ordre d'écrire à Avignon pour savoir si le volume à l'estampille du Musée Calvet était indûment sorti de ce dépôt, et pour le rendre, s'il y avait lieu. La révolution de Février n'a pas permis que cet ordre fût exécuté; mais la note originale, qui le constate d'une manière irrécusable, existe dans un registre que les experts ont eu sous les yeux et qu'ils auront, il faut espérer, fait connaître aux magistrats.

J'ajouterai encore que les livres rares et chers sont en très-petit nombre dans les bibliothèques départementales, et sont bien connus quand ils s'y trouvent. Il serait donc fort difficile, sinon impossible, de les voler. Quant à les échanger contre d'autres livres à la convenance de la bibliothèque et du bibliothécaire, c'était chose aisée et généralement admise avant la nouvelle législation qui s'est établie à cet égard.

2° Les autographes soustraits, ou M. Libri les a vendus lui-même, ou on les a saisis à son domicile. M. Libri a fait vendre fréquemment, comme d'autres amateurs, beaucoup d'autographes précieux, et l'on peut dire que ces ventes d'autographes, renouvelées souvent, ont développé, éclairé et répandu le goût des autographes en France et à l'étranger. Moi-même, pour élever ce goût à l'état de science, j'ai rédigé sous mon nom un catalogue d'autographes, parmi lesquels un grand nombre appartenaient à M. Libri, et ce catalogue, très-détaillé, qui a servi de modèle aux bons catalogues publiés depuis, prouve que M. Libri attachait lui-même beaucoup de prix à la description fidèle et minutieuse des autographes, et prêtait les mains, pour ainsi dire, à leur *signalement* exact. Il sera donc facile de constater la loyale possession des autographes ainsi catalogués.

Quant aux autographes saisis chez M. Libri, un procès-verbal régulier donnera sans doute valeur à cette saisie. Je ferai observer qu'une feuille de papier pénètre encore plus aisément qu'un volume à travers les scellés ; il importe donc de démontrer que cette feuille de papier n'a pu se glisser, en quelque sorte, par le trou de la serrure ; mais, comme je suis certain qu'on ne trouvera chez M. Libri que ce qui s'y trouvait avant son départ de France [1], je réponds d'avance des suites de la saisie.

[1] Malgré l'intrusion de tant de personnes étrangères dans le domicile de M. Libri, malgré les voyages qu'on a fait faire à ses livres et à ses papiers,

Que si quelques feuillets ayant appartenu à un dépôt public s'étaient rencontrés dans les collections de M. Libri, je maintiens d'avance que ces feuillets y sont entrés à son insu dans des amas de papiers achetés en bloc, sans triage et sans examen ; je maintiens que ces feuillets, certainement sans valeur au point de vue vénal ou scientifique, étaient mêlés, de longue main, par quelque circonstance exceptionnelle, aux amas que M. Libri a si libéralement acquis en France et à l'étranger [1] ; je maintiens enfin que celui qui possédait une rare collection d'autographes, et qui donnait généreusement les plus belles pièces de cette collection [2], n'a pu, en aucun cas, être assez fou pour soustraire quelques misérables feuillets, qui n'ont et n'auront jamais de prix aux yeux du marchand ni de l'amateur.

Si c'est là le corps de délit, il n'y aura point assez de pitié

malgré le fait signalé de ces livres et de ces papiers que les experts emportaient et rapportaient sans cesse avec eux, je dois m'exprimer ainsi jusqu'à ce qu'on ait administré la preuve du contraire. J'avouerai pourtant que l'on pourrait, dès à présent, demander l'origine de certains titres de livres, chargés d'estampilles de diverses bibliothèques de Paris et des départements, titres qu'on aurait, dit-on, trouvés chez M. Libri, et que M. Libri déclare, de la manière la plus formelle, n'avoir jamais été en sa possession. (Voy. plus loin, pages 48 et suiv.) Il y a là un mystère que nous recommandons à la sollicitude des magistrats.

[1] M. Libri a déjà fait connaître, dans sa *Réponse au Rapport de M. Boucly*, et dans sa *Lettre à M. de Falloux*, plusieurs collections considérables d'autographes, qu'il a achetées en bloc. J'en citerai une, à laquelle il a fait à peine allusion, c'est l'immense collection d'Eisenmann (l'éditeur de quelques fragments de Pappus, en grec), renfermée dans une multitude de cartons ficelés, qui furent vendus, sans avoir été ouverts, à l'hôtel du Domaine (rue du Bouloy, à Paris), pour le compte du gouvernement, Eisenmann étant mort sans héritiers. M. Libri acheta, pour quelques dizaines de francs, toute cette collection, qui renfermait des milliers de lettres autographes et de papiers scientifiques. Dieu sait tout ce qu'elle renfermait ou pouvait renfermer ; mais M. Libri, qui achetait, ne le savait pas plus que le Domaine, qui vendait.

[2] Personne n'a donné plus de livres et d'autographes que M. Libri. Non-seulement il en a donné beaucoup aux bibliothèques publiques de la France et de l'Italie, comme il le prouve dans sa *Réponse au Rapport de M. Boucly* ; mais encore ses amis, ses connaissances, ont reçu de lui des présents de ce genre, quelquefois considérables. Il n'en a pas tenu note, ainsi que le faisait l'abbé de Marolles, qui a publié une liste de ses dons (l'abbé ne donnait,

en Europe pour un homme illustre, pour un honnête
homme qu'on accuserait, après dix-huit mois de prévention,
d'avoir dérobé dans nos bibliothèques dix, vingt, trente
feuillets, valant ensemble 6 ou 8 francs, quand cet homme
a sans cesse acheté, et à grands frais, d'immenses et magni-
fiques collections d'autographes et de papiers historiques.

3° Les manuscrits soustraits, ou M. Libri les a vendus
lui-même, ou on les a saisis à son domicile. C'est là le fort
de l'accusation. C'est en vertu de ce fait, publié par tous les
journaux, qu'une instruction a été commencée contre
M. Libri. M. Libri avait été chargé par le ministre, en 1840,
de visiter les bibliothèques départementales, et de préparer
le catalogue des manuscrits qu'elles contenaient. M. Libri a,
dit-on, profité de sa mission pour faire à son profit une
ample moisson de manuscrits précieux. Ces manuscrits sont
sortis de France; ils ont été acquis par un riche Anglais,
qui les tient sous clef dans son château. Voilà où l'on dé-
couvrira le véritable corps de délit. La *Bibliothèque de
l'Ecole des chartes* l'a donné à entendre. Viennent d'ailleurs
les insinuations et les suppositions : on pourra toujours se
retrancher sur la vente occulte [1] de 1,700 manuscrits hors
de France; on pourra toujours voir dans ces manuscrits,

en général, que ses ouvrages). On pourrait, toutefois, établir la nomenclature
des personnes envers lesquelles M. Libri a fait acte de générosité de bibliophile ; cette nomenclature serait curieuse; elle montrerait du moins, aux
plus incrédules, que M. Libri n'a pu, dans aucun cas, commettre un crime
par cupidité. On se rappellera que les experts n'hésitent pas à lui attribuer la
soustraction de quelques documents historiques valant 50 centimes!

[1] C'est ainsi du moins que l'appellent les ennemis de M. Libri, quoique
deux conservateurs du British Museum aient passé un mois environ chez
M. Libri pour examiner ces manuscrits, qui ont été de nouveau examinés
par la personne qui les avait achetés au compte de lord Ashburnham. Der-
nièrement, M. Barrois, célèbre collecteur, a vendu, *sans catalogue*, au même
lord Ashburnham, la magnifique collection de manuscrits qu'il avait réunis,
à grands frais, depuis 40 ans. Est-ce encore là une vente occulte? Un pro-
priétaire de manuscrits est-il donc tenu de vendre sa collection aux enchères
publiques, par le ministère d'un officier public?

qu'on ne connaît pas, tous ceux qui manqueraient à l'appel dans les bibliothèques de la France.

Eh bien ! Monsieur le juge d'instruction, j'ai mis les experts au défi de citer *un seul* manuscrit ayant appartenu à M. Libri et dont je ne puisse donner la provenance authentique ; car j'ai fait le catalogue raisonné de ces manuscrits ; ce catalogue, je le mettrai sous presse, lorsque les trois experts auront fini leur tâche ; je le publierai comme la plus solennelle protestation contre tout ce qui s'est passé [1].

En attendant cette publication, je vous offre de vous fournir tout renseignement nécessaire sur ces manuscrits, dont l'absence, soyez-en sûr, ne pèsera pas dans la balance où j'ai jeté la responsabilité des experts, sans mettre en cause la magistrature ni les magistrats.

Agréez, je vous prie, Monsieur le juge d'instruction, l'assurance de ma considération distinguée.

PAUL LACROIX
(Bibliophile Jacob).

20 juin 1849.

P. S. Comme je me propose de vous adresser plusieurs lettres sur cette affaire, je ne pense pas que vous trouviez mauvais que j'en fasse prendre copie, pour envoyer ce duplicata à M. le ministre de la justice.

[1] Mon intention avait été de publier immédiatement ce catalogue ; mais ayant appris de bonne source que les experts attendaient cette publication pour se livrer à une nouvelle *inquisition*, j'ai préféré attendre des temps meilleurs. L'avis des amis les plus considérables de M. Libri m'a confirmé dans mon projet. C'est aux accusateurs à faire connaître les manuscrits qu'ils supposent avoir été soustraits dans les collections publiques ; autrement, ici, comme dans toute cette affaire, les accusations banales auraient précédé la connaissance des faits, sur lesquels il fallait appuyer ces accusations. Je défie, encore une fois, les experts de citer *un seul* manuscrit que M. Libri aurait possédé d'une manière illégitime. Il ne suffit pas de dire, de répéter : « *On a volé des manuscrits dans les bibliothèques* » ; M. Libri n'a rien à démêler dans ces vols qu'il a voulu empêcher pour l'avenir, en s'associant à l'utile pensée de M. Villemain pour la confection du Catalogue général des manuscrits conservés dans les bibliothèques des départements. M. Libri mérite, à cet égard, la reconnaissance de tous les amis des lettres.

II.

Monsieur le juge d'instruction,

J'ai l'honneur de vous adresser le travail que M. Libri a publié en 1842 dans le *Journal des Savants*, et je vous prie de vouloir bien l'admettre comme pièce à l'appui dans le dossier de l'affaire.

Ce travail est, à mes yeux, la réponse la plus éclatante et la plus naturelle à l'accusation dont M. Libri est l'objet, et surtout au caractère que cette accusation a pris en se rattachant à sa mission dans les bibliothèques des départements.

J'ajouterai ce fait, que, dans plusieurs séances du Comité des monuments écrits de l'histoire de France, Comité dont je fais partie depuis douze ans, M. Libri a fait des rapports verbaux sur le but et les travaux de sa mission.

Je rappellerai aussi que M. Libri a voulu tout d'abord faire partager ces travaux à des hommes compétents. J'ai été, un des premiers, invité à le seconder. Mes autres occupations m'ont empêché de donner suite à sa proposition toute spontanée.

Mais d'autres savants, MM. Ravaisson, Hase, Danton, Leclerc, etc., ont eu, en quelque sorte, les yeux constamment ouverts sur cette vaste entreprise du Catalogue général des manuscrits, et il me semble qu'on devrait tout d'abord les interroger sur des faits qui les toucheraient de près plus que personne.

Agréez, Monsieur le juge' d'instruction, l'assurance de ma considération distinguée.

PAUL LACROIX
(Bibliophile Jacob).

20 juin 1849.

P. S. Voici la note que j'ai jointe à cet exemplaire :

« Cette notice, publiée en 1842, dans le *Journal des Sa-*

vants, est la plus éclatante preuve en faveur de l'innocence de M. Libri, qui a le premier attiré l'attention des savants sur les richesses inconnues de nos bibliothèques départementales. S'il avait eu la pensée de profiter de sa mission dans ces bibliothèques pour y opérer les soustractions qu'on ose lui imputer, il se fût bien gardé d'ouvrir lui-même une espèce d'enquête en provoquant l'examen et la description des manuscrits que ces bibliothèques possédaient ou avaient possédés.

« On comprend aussi combien de haines et de vengeances il a mises en jeu contre lui, lorsqu'il est allé, lui, étranger, tourmenter l'insouciance et l'ignorance des bibliothécaires français. De là, les attaques anonymes qui commencèrent alors dans les journaux (voir ceux de Lyon, à cette époque) ; de là, les lettres anonymes, qui forment le fameux dossier de la Préfecture de police à Paris ; de là, celles que M. Paul Lacroix a eu le bonheur de retrouver dans ses papiers. Après avoir lu cette brochure, après avoir réfléchi un moment, il est impossible de conserver même un doute défavorable à M. Libri. »

P. LACROIX
(Bibliophile Jacob).

III.

Monsieur le juge d'instruction,

Je vous demande de vouloir bien constater, dans l'instruction de l'affaire Libri, un fait très-significatif que je vous ai signalé dans le premier entretien que j'eus l'honneur d'avoir avec vous et qui n'a pas été consigné dans une déposition régulière.

Toutes les fois qu'une imputation spéciale et caractérisée contre M. Libri est venue directement ou indirectement à ma connaissance, je l'ai détruite de fond en comble, après avoir constaté qu'elle partait de l'indiscrétion des experts.

1° Le bruit se répand par tout le monde savant que M. Libri a enlevé plusieurs feuillets aux manuscrits autographes de Léonard de Vinci, conservés à la Bibliothèque de l'Institut, et que ces feuillets, portant encore les traces des déchirures, ont été retrouvés parmi ses papiers. Un des experts lui-même (au milieu de décembre 1848), donne le fait comme certain et foudroyant pour M. Libri, dans une conversation intime avec M. P***, dont le caractère loyal et honorable n'a jamais cessé de protester en faveur de M. Libri. M. Landresse, bibliothécaire de l'Institut, a entendu alléguer ce fait dans la Bibliothèque, où les experts ont tenu de longues séances [1].

Mais, dès le mois de novembre 1848, j'avais été averti du bruit qui circulait et qu'on faisait circuler, avec toutes sortes de commentaires; j'avais prié M. Libri de me renseigner à cet égard, et M. Libri avait eu le temps de faire venir de Florence les pièces authentiques, propres à établir qu'en 1823 il était devenu acquéreur des autographes de Léonard de Vinci [2]; de plus, j'apprenais que M. Libri avait offert en pur don plusieurs feuillets autographes de Léonard de Vinci (qu'il possédait seul à Paris), à différentes personnes, parmi lesquelles je citerai M. Allier, ancien député [3]; de plus, je savais

[1] Voici, à ce sujet, l'opinion d'un jurisconsulte étranger :
« C'est une maxime fondamentale de la jurisprudence française, que toute instruction est *secrète*. Mais, dans l'affaire de M. Libri, l'instruction est secrète en tant qu'il lui serait permis de se défendre ; elle est publique, dès qu'il s'agit de le diffamer dans le *Moniteur*, comme on l'a fait par la publication du Rapport Boucly, ou de le calomnier partout, comme le font les experts. »

[2] M. Libri avait acquis, à la même époque et par la même occasion, de nombreuses correspondances originales de savants et d'astronomes français et étrangers des seizième, dix-septième et dix-huitième siècles. La preuve existe entre ses mains. M. Libri a, en outre, acheté d'autres manuscrits de Léonard de Vinci, comme il peut en fournir la preuve. Il y a longtemps que le savant bibliothécaire Valery a déclaré qu'il se trouvait de ces manuscrits partout. Voy. son *Voyage en Italie* (Paris, 1838, 3 vol. in-8°), t. Ier, p. 113.

[3] M. Allier, statuaire, ancien député, que M. Libri avait connu chez M. Arago, a reçu de M. Libri des fragments autographes de Léonard de Vinci, et ce fait a été à la connaissance de tout l'Observatoire de Paris. En

que *tous* les autographes connus de Léonard provenaient de ses carnets manuscrits, in-4° ou in-8°, et qu'ils avaient tous les mêmes caractères graphiques, avec dessins de machines et *capricciosi*.

Je priai M. P*** de faire passer aux experts cette victorieuse réponse à leurs assertions, et depuis lors, tout ce fracas relatif aux autographes de Léonard s'apaisa et se tut. Les experts, qui ont dépouillé les correspondances de M. Libri depuis 1831, n'y avaient rien trouvé qui fût relatif à un achat d'autographes de Léonard de Vinci, effectué en 1823!

2° M. Landresse, bibliothécaire de l'Institut, m'annonce que les experts ont apporté à la Bibliothèque une lettre de Descartes, ou adressée à Descartes, portant le timbre de l'Académie des sciences et trouvée dans les papiers de M. Libri. Cette lettre, il l'a vue et il a examiné le timbre qui témoigne de son origine; cette lettre, on l'a montrée comme un trophée, et on conclut de là que M. Libri a spolié les archives de l'Académie dont il fait partie.

J'étais armé pour répondre à cette nouvelle attaque ouverte des experts: je possédais la copie de la note autographe de ***, déclarant qu'il a *pris*, dans les archives de l'ancienne Académie des sciences, la correspondance de Descartes avec l'Académie et les savants de son temps. L'accusation portée contre M. Libri retombait naturellement sur ***, et les experts ne parlèrent plus de la lettre à l'estampille de l'Académie des sciences.

3° On dit, on répéta que M. Libri avait dérobé, dans les papiers de l'Observatoire, des autographes d'Hévélius et d'autres astronomes. Je me contentai de répondre que les autographes d'Hévélius et des astronomes étaient fort com-

---

même temps qu'on envoyait d'Italie à M. Libri ces fragments et beaucoup d'autres autographes et correspondances scientifiques, on lui faisait parvenir aussi une collection de dessins de grands maîtres qu'il avait réunie en Toscane. Ces dessins, il en a fait présent à différentes personnes notables de Paris, à des artistes éminents qui pourraient, au besoin, certifier du fait.

muns dans le commerce des autographes, et qu'une personne,
qui a des rapports fréquents avec l'Observatoire de Paris,
avait eu en sa possession plusieurs pièces de ce genre, que
j'ai vues figurer en vente publique.

4° L'un des experts m'ayant dit à moi-même, que les
experts n'abandonnaient pas l'accusation en ce qui concerne
l'exemplaire du *Galeomyomachia*, et que, selon eux, cet
exemplaire donné à la Bibliothèque Mazarine n'était qu'une
restitution, attendu que M. Renouard qui, dans ses *Annales
de l'imprimerie des Aldes*, avait regretté l'absence de l'exemplaire de la bibliothèque Mazarine (égaré ou volé), s'était
vanté plus tard de l'avoir retrouvé et de le décrire *de visu* dans
un errata. M. Libri avait donc volé cet exemplaire, depuis
l'errata, en prenant communication du recueil où il était
contenu ; je priai M. Libri de faire quelques recherches à
cet égard, et M. Libri produisit un document dans lequel il
était question de *son* exemplaire du *Galeomyomachia*, sous
l'année 1829, c'est-à-dire trois années avant que les événements politiques l'eussent ramené en France.

5° J'avais ouï dire, par un savant que j'estime beaucoup,
qu'on accusait M. Libri d'avoir dérobé dans la Bibliothèque de Tours un manuscrit du cinquième siècle, ren-
fermant des peintures de la plus grande beauté (je n'ai
pas sous la main le titre du manuscrit), et provenant,
disait-on, de l'abbaye de Marmoutier ; je n'eus pas de
peine à me convaincre, par mes propres études, que plus
de la moitié des manuscrits de cette célèbre abbaye
avaient été dispersés à diverses époques et par différentes circonstances [1], quoiqu'une partie fût encore con-

[1] Voici ce que dit M. Ravaisson, inspecteur général des bibliothèques de
France, dans son *Rapport au ministre de l'instruction publique* sur celles des
départements de l'Ouest (Paris, 1841, in-8°) : « La partie la plus importante,
le *trésor* de la Bibliothèque de Tours, ce sont les manuscrits. C'est là aussi
qu'il a été fait les pertes les plus regrettables. » Ceux qui voudront avoir
une idée des dilapidations commises dans les bibliothèques de la France

servée à la Bibliothèque de Tours. Quant au manuscrit en question (un des plus précieux de la collection de M. Libri), ayant recherché son origine, je me fis produire l'acte de vente original, signé par le cessionnaire M. le chevalier ***, qui a vendu un grand nombre de beaux manuscrits à M. Libri. Celui que l'on prétendait avoir appartenu à la Bibliothèque de Tours coûta 1,500 fr. à M. Libri. On trouvera les pièces relatives à cet achat, dans mon Catalogue raisonné des manuscrits cédés à lord Ashburnham.

6° M. ***, conservateur de la Bibliothèque Nationale, m'apprit qu'on lui avait représenté, comme provenant de cette Bibliothèque, diverses lettres et pièces qu'on assurait avoir été trouvées chez M. Libri, et il se rappelait seulement une garde de livre portant une note littéraire de la main de Pithou, ladite garde à l'estampille de la Bibliothèque du roi [1]. Je lui répondis *à priori*, que cette note autographe, sans signature, pouvait valoir 1 franc à 3 francs, dans le commerce des autographes. J'ajoutai, en outre, que les livres, avec des notes autographes de Pithou, de Huet, de d'Hozier, et de tant d'autres savants, étaient fort communs à la Bibliothèque nationale, qu'on prêtait ces livres au premier venu, comme tous les livres, sans examen préliminaire ni postérieur, et que, par conséquent, les gens qui volaient les livres à la Bibliothèque par habitude ou par profession avaient pu voler une page de livre plus aisément que le livre lui-même. J'ajoutai encore que cette page autographe avait sans doute passé de main en main pour tomber

n'ont qu'à lire ce Rapport de M. Ravaisson, qui est un *document officiel*. Nous dirons comme ce savant qui, après avoir parlé des livres *perdus et volés en grand nombre* à la Bibliothèque de Nantes, s'écrie : « C'est toujours, pour chaque ville, la même histoire à raconter. »

[1] M. Libri, à qui je demandai un renseignement sur cette garde de livre à estampille, me répondit : « Je crois être moralement certain que cette garde, ainsi estampillée, n'a jamais été chez moi, avant mon départ de France. »

2

dans un amas de papiers, acheté par M. Libri à l'amiable ou en vente publique.

7° On avait, et depuis longtemps, redit par toutes les bouches de la calomnie, que M. Libri avait dérobé dans la Bibliothèque de Lyon les papiers de Napoléon Bonaparte qui s'y trouvaient enfouis. C'était, en effet, un événement presque incroyable que cette découverte d'autographes renfermés dans une caisse depuis près de cinquante ans. M. Libri, à qui je fis part de mes doutes, voulut bien me produire les pièces originales relatives à l'acquisition qu'il avait faite, à Lyon, de ces précieux autographes.

8° L'un des experts m'ayant dit que l'échange du *Théocrite* NON ROGNÉ avec la Bibliothèque de Carpentras constituait à ses yeux un véritable délit d'improbité, malgré les 500 francs de livres modernes donnés par M. Libri en compensation de cet échange approuvé par le bibliothécaire ; je lui répondis, qu'antérieurement à la nouvelle législation des bibliothèques publiques, les bibliothécaires avaient le droit de provoquer et d'approuver des échanges de livres, dans l'intérêt du dépôt qui leur était confié. J'en appelai au témoignage de toutes les personnes qui connaissent un peu le régime *coutumier* des bibliothèques. Non-seulement le bibliophile par excellence, mon ami, M. Motteley, apporterait un témoignage à l'appui du mien, mais je produirai un volume portant cette note : *Acheté à la bibliothèque du Mans, avec autorisation de M. le préfet.* Quant aux exemples, j'en citerai plusieurs pour Paris et pour les départements.

9° On a fait grand bruit de la collection des correspondances du chancelier Séguier, laquelle présente une foule de lacunes provenant de pièces enlevées. Il est clair que cette collection, entrée à la bibliothèque Saint-Germain-des-Prés, par suite d'un legs, a été d'abord épluchée par la famille, qui n'a laissé subsister que les pièces historiques, indifférentes pour ses intérêts particuliers. Il est donc probable que cette collection était alors à peu près ce qu'elle est aujourd'hui : aussi, quand on a songé à la faire relier, l'idée d'une soustraction de pièces n'est-elle venue à personne [1].

10° Quand l'un des experts m'a déclaré qu'il trouvait, dans le domicile de M. Libri, dix, vingt pièces provenant évidemment de la Bibliothèque Nationale et d'autres collections, je lui répondis que ces pièces pouvaient en être hors depuis un siècle et davantage ; que les savants eux-mêmes n'avaient pas toujours professé le même respect pour les autographes ; qu'on avait donné, comme texte d'impression, les autographes les plus précieux, et que la correspondance de Descartes, par exemple, portait encore les traces des suppressions de l'éditeur et des maculatures du compositeur. Je lui demandai, en outre, si ces pièces, qu'on prétendait avoir été soustraites par M. Libri, avaient la *moindre* valeur vénale ou scientifique ? Il me répliqua que ce point-là était inutile à établir. Je haussai les épaules et lui déclarai hautement que ce serait une monstrueuse stupidité que d'accuser un savant illustre, un homme haut placé, d'avoir déchiré, dans des recueils, quelques pièces valant dix ou vingt sous ! Ce à quoi il repartit que les sous accumulés donnaient des francs, et qu'il se faisait fort de prouver que M. Libri avait pu voler ainsi, en pièces de 20 sous, 10 ou 20,000 francs !

11° Enfin, comme je suppliais cet expert de me dire s'il avait pu constater le détournement d'*un seul* manuscrit par M. Libri, dans les bibliothèques publiques ; il répondit qu'il se croyait sûr de pouvoir établir le détournement d'*un* manuscrit, d'une valeur de 300 francs environ. Là-dessus, je lui

---

[1] M. Libri, il est facile de le prouver, n'a jamais eu à sa disposition, n'a même jamais vu ni connu cette collection Seguier, dont les autographes se sont répandus partout et ont figuré dans plusieurs ventes publiques, comme on pourra le vérifier. Il faudrait donc rechercher comment cela s'est fait ; ce serait peut-être ouvrir la voie à d'autres recherches du plus haut intérêt, sur les soustractions commises à la Bibliothèque Nationale.

offris de lui apporter, en vingt-quatre heures, la provenance
irrécusable de ce manuscrit, si tant est que M. Libri l'eût jamais possédé. Mais il n'accepta pas cette offre, et se borna
à me déclarer que M. Libri était si fin, si rusé, si habile,
qu'on ne parviendrait jamais à le convaincre, si on lui
donnait connaissance des charges existant contre lui. Je lui
répliquai avec autant de pitié que d'indignation : « M. Libri,
« si fin, si rusé, si habile, se serait donné un démenti lui-
« même en volant, à grands risques, des autographes sans
« mérite et sans valeur, dans les recueils de la Bibliothèque
« Nationale ! »

12° Ce fut alors que l'expert avança, comme un fait
capital [1], comme une preuve de culpabilité irréfragable,
qu'on avait trouvé dans les carnets de M. Libri l'indication
de quelques autographes existant à la Bibliothèque du Roi
en telle année, et, dans ses papiers, ces mêmes autographes
portant encore trace de l'arrachement qui les avait séparés
des recueils où ils étaient annexés. Au premier coup d'œil,
ce fait me sembla anormal et contradictoire; j'objectai à
M. Lalanne qu'il fallait *voir* et réfléchir; seulement, je lui fis
remarquer que, d'ordinaire, les voleurs ne prenaient pas
inventaire des vols qu'ils devaient commettre. Mais, comme
je me faisais fort d'éclaircir le fait et d'en apporter la solution
sous trois jours, M. Lalanne exigea le secret en me défendant de tirer parti, sous aucun prétexte, de la confidence
qu'il m'avait faite. Je résistai; je lui représentai qu'il avait,
plus que personne, intérêt à connaître la vérité; mais il
insista de telle sorte que je dus m'engager à ne rien révéler
du fait qu'il m'avait confié. Je vous en parlai à vous seul,
Monsieur le juge d'instruction, et lorsque vous me deman-
dâtes alors ce que j'en pensais, je ne pus, je ne dus rien vous
répondre, sinon que je m'étais abstenu de toute enquête à

[1] Voy. sur ce fait une lettre à M. *** publiée ci-après dans l'Appendice.

l'égard d'un fait qui ne m'appartenait pas. Depuis, comme je vous en instruisis par lettre [1], ce fait transpira par je ne sais quel canal, et il vint à mes oreilles, en même temps qu'à celles de M. Libri, par l'intermédiaire du célèbre astronome M. Leverrier. J'étais donc dégagé de ma parole et j'avais le droit d'étudier un fait qui se trouvait dès lors en circulation. Ce fut pour discuter ce fait bibliographiquement en votre présence, que je me présentai en dernier lieu à votre cabinet ; je voulais vous lire une lettre de M. Libri qui n'eût pas laissé le moindre doute dans votre esprit ; je voulais vous soumettre mes propres carnets de travail, absolument identiques à ceux de M. Libri : vous n'avez pas voulu recevoir le dépôt de ces carnets ; vous m'avez invité toutefois à vous adresser une note, si je le jugeais à propos.

Cette note, je l'abrégerai autant que possible, pour en rendre la conclusion plus péremptoire.

Pendant seize ans, M. Libri, pour son *Histoire des Sciences mathématiques en Italie*, pour ses publications projetées du *Recueil de documents relatifs à l'histoire des sciences*, du *Brunetto Latini*, des articles du *Journal des Savants*, pour ses recherches d'amateur d'autographes, n'a pas cessé de prendre des notes, d'après les catalogues anciens imprimés ou manuscrits. Ces notes, il en a fait ou n'en a pas fait usage ; beaucoup de manuscrits cités dans les catalogues ont changé de maîtres depuis un siècle ; les uns étaient à Saint-Germain-des-Prés, les autres à Saint-Victor, les autres dans les couvents et les châteaux dont les bibliothèques et les archives furent confisquées en 1792. Il n'est pas étonnant que des pièces, des feuillets soient sortis de ces manuscrits, à une époque et par des circonstances inappréciables. Ces feuillets, ces pièces se seraient retrouvés dans des fatras de papiers achetés en bloc par M. Libri ; dans ceux des frères Sainte-Marthe, dans ceux de Huet, dans ceux d'Arbogast, e

[1] Voy. cette lettre dans l'Appendice.

dans des lots adjugés en ventes publiques. Rien n'est plus simple, rien n'est plus naturel. M. Libri pouvait-il, devait-il avoir toutes ses notes présentes à la mémoire ? Dans mes carnets, il y a de même l'indication de trois ou quatre mille lettres ou pièces existant ou devant exister (si j'en crois les catalogues) dans les bibliothèques. Faites de moi un collecteur d'autographes, ramassant, achetant de toutes mains, au poids, en bloc, à vue de pays : il est certain que l'on aura la chance de découvrir dans les papiers ainsi achetés quelques pièces soustraites ou ayant appartenu à des collections publiques.

En outre, je rappellerai que M. Libri, qui confiait à des secrétaires le dépouillement et le classement de ses livres, de ses manuscrits et de ses autographes, leur avait expressément recommandé de mettre à part tout ce qui leur semblerait pouvoir provenir d'un établissement public.

Je terminerai enfin par une déclaration que l'on ne saurait se lasser de répéter, après les jours d'exception que nous venons de traverser : « Il s'agit, avant tout, de prouver par un procès-verbal régulier que ceci ou cela a été bien et dûment trouvé au domicile de M. Libri et faisait partie de ses collections. »

Agréez, Monsieur le juge d'instruction, l'assurance de mes sentiments les plus distingués.

PAUL LACROIX
(Bibliophile Jacob).

24 juin 1849.

IV.

Monsieur le juge d'instruction,

Je crois devoir vous donner quelques renseignements sur le degré d'impartialité qu'on peut attendre des experts désignés par M. Carnot, ci-devant ministre de l'instruction publique [1].

Depuis huit ans, un levain de ressentiment couvait contre M. Libri dans l'âme de quelques anciens élèves de l'Ecole des Chartes ; ainsi que je vous l'ai prouvé par une lettre en date de 1840, M. Libri s'était opposé *presque seul* à employer ces élèves comme rédacteurs du Catalogue général des manuscrits des bibliothèques publiques de la France. *Inde iræ*.

Néanmoins, comme M. Libri était puissant par ses amitiés politiques, on n'osa pas en venir tout d'abord aux représailles à son égard. Les anciens élèves de l'Ecole des Chartes avaient besoin d'ailleurs d'établir leur institution sur des bases plus solides. Ils n'en conservaient que mieux le souvenir de l'injure qu'on leur avait faite, en refusant de les admettre au travail du Catalogue général des manuscrits.

C'est à cette époque qu'il faut faire remonter les premières calomnies contre l'illustre savant qu'elles n'atteignaient encore qu'au talon.

Les habiles soufflèrent le feu en secret et firent si bien que la division se mit dans la Commission chargée du Catalogue général. M. Libri, qui avait créé cette Commission, se retira et refusa de toucher l'allocation attribuée à ses membres. Ce fut alors que l'Ecole des Chartes fut constituée d'une manière définitive par M. de Salvandi, avec qui M. Libri avait rompu à l'occasion de la grande querelle de l'Université.

Les anciens élèves de l'Ecole avaient formé une sorte de

---

[1] Ils ont été, en effet, *désignés*, sinon nommés, par M. Carnot ; ce sont eux-mêmes qui le disent dans la *Bibliothèque de l'École des Chartes*, cahier d'avril 1848, p. 358. Cette désignation, à l'époque où elle a été faite, était une injonction. Pourquoi cette intervention inouïe du pouvoir administratif et politique dans une affaire judiciaire ? Le procès que M. Libri vient d'intenter au *Moniteur* nous apprendra des détails assez piquants sur les faits et gestes de M. Carnot, ministre de l'instruction publique du gouvernement provisoire.

Comité directeur, sous le prétexte de la publication d'un journal, très-estimable d'ailleurs au point de vue historique : la *Bibliothèque de l'Ecole des Chartes*. MM. *** étaient les chefs de cette association. Sur ces entrefaites, M. Libri commença une polémique contre les jésuites, très-ouvertement, très-personnellement [1].

Un ancien élève de l'Ecole des Chartes, feu H. Géraud, releva le gant, au nom des jésuites, dans le journal l'*Univers*, et répondit à M. Libri [2]. Le débat s'aigrit et devint irréconciliable. Géraud intéressa dans sa cause le Comité directeur de la *Bibliothèque de l'Ecole des Chartes* : M. Libri se montra très-blessé de l'intervention des anciens élèves de l'Ecole des Chartes dans un pareil débat. Il y eut des pourparlers, des correspondances, et enfin une brouille décisive.

On comprend avec quel empressement le Comité de la *Bibliothèque de l'Ecole des Chartes* saisit toutes les occasions de tracasser M. Libri. Ce fut là le nid d'où sortirent les premiers serpents de la calomnie. On colporta des bruits et des insinuations, jusqu'à ce qu'on se permit, dans un numéro de la *Bibliothèque de l'École des Chartes*, une agression très-significative au sujet des manuscrits vendus par M. Libri à lord Asburnham. On n'avait pas parlé avec plus d'aménité de la vente des livres de M. Libri. La vieille haine était mûre : les anciens élèves de l'Ecole des Chartes se sentaient assez forts pour entrer en lice.

Ce n'est pas tout : dès longtemps une regrettable scission s'était faite entre MM. Libri et Arago; ces deux sa-

[1] Il faut remarquer que M. Libri n'avait fait que répondre aux attaques nominatives, auxquelles il s'était vu en butte dans la publication du chanoine Desgarets.

[2] H. Géraud attaqua surtout M. Libri à propos de ses publications préparatoires, relatives au Catalogue général des manuscrits conservés dans les bibliothèques de la France. Le véritable motif de tant d'animosité se cachait sous un beau manteau paléographique.

vants illustres, d'abord fraternellement unis, avaient divisé en deux camps l'Académie des sciences. Les amis de M. Arago et de sa famille eurent le tort d'épouser une querelle dont ils ignoraient l'origine. Il y eut une sorte de cri de ralliement contre M. Libri, que le *National* ne cessa de poursuivre et de calomnier. M. *** et son entourage devaient être du parti de M. Arago, qu'on ne consultait probablement pas, d'ailleurs, pour prendre ainsi fait et cause en son nom. Ce travers, cette erreur, ce préjugé, créèrent à M. Libri une foule d'ennemis qui ne le connaissaient pas.

La révolution de Février éclate, et avec elle il se fait un déchaînement de haines, de vengeances, déguisées sous les noms les plus respectables. La *Bibliothèque de l'Ecole des Chartes* sonne la charge contre M. Libri, que l'on insulte impunément, et le ministre de la coterie encyclopédique, M. Carnot, désigne pour les fonctions d'experts ceux que lui avait désignés un conseil officieux. Il est bon d'ajouter que c'est à cette coterie encyclopédique qu'appartenait surtout M. ***, qui, avec le concours des nouveaux encyclopédistes, a rédigé plusieurs compilations très-recommandables.

M. Libri était livré pieds et poings liés à ses ennemis : son domicile fut envahi par eux; ses papiers les plus intimes leur furent abandonnés. On aura idée de l'impartialité des experts, en citant seulement deux faits que l'enquête établirait comme authentiques si l'on veut interroger les témoins qui en ont connaissance.

La *Bibliothèque de l'Ecole des Chartes* publia un article très-hostile sur l'accusation intentée contre M. Libri et sur les faits (maintenant reconnus erronés) qui avaient signalé la saisie des collections de ce savant. Un expert, se rencontrant avec un autre expert, en présence de témoins, le félicita en termes chaleureux et solennels d'avoir appelé la vindicte publique sur le malheureux qui s'était soustrait par la fuite à un éclatant châtiment. M. ***, auteur de l'article diffamatoire, accepta les éloges et déclara qu'il avait rempli un devoir.

A peu de jours de là, certains membres de la Commission, en s'occupant de l'examen des livres, qu'ils jetaient avec une incroyable brutalité sur le plancher, imaginèrent, par manière de délassement, de dessiner à droite et à gauche de petits *bonshommes* attachés à la potence, avec la devise sacramentelle usitée dans les colléges de jésuites :

> Aspice Libri pendu
> Quod librum n'a pas rendu,
> Si librum reddidisset
> Libri pendu non fuisset.

Dans ce quatrain macaronique, ils remplaçaient le nom de *Pierrot* par celui de *Libri*, et ils étaient si charmés de la substitution, qu'ils chantaient à haute voix, dans l'appartement même de M. Libri, ce qu'ils regardaient comme propre à lui servir d'épitaphe.

Enfin, les trois experts ont fait entre eux une espèce de serment des trois Suisses (l'un d'eux me l'a déclaré lui-même), pour s'appuyer, se soutenir et se personnifier l'un l'autre, de telle façon qu'ils n'eussent qu'une pensée, un but, une voix.

Et voilà les experts qui depuis quatorze mois font litière de l'honneur et de la fortune d'un homme recommandable à tant de titres, par sa position sociale, par ses antécédents, par son caractère, par ses travaux !

Agréez, monsieur le juge d'instruction, l'assurance de mes sentiments distingués.

Paul LACROIX
(Bibliophile Jacob).

26 juin 1849.

V.

Monsieur le juge d'instruction,

Permettez-moi de venir protester contre un des faits, les plus graves à mon avis, qui aient eu lieu dans ce que je nommerai la préface de l'affaire Libri. Il n'est pas étonnant, du reste, qu'au milieu du vertige qui s'était en quelque sorte emparé de la société française, un fait aussi irrégulier se soit produit et ait persisté, sans qu'on y ait pris garde.

Les collections, les correspondances et tous les papiers trouvés chez M. Libri ont été *livrés*, sans inventaire, aux experts chargés d'en faire le dépouillement.

Je conçois qu'un magistrat, qu'un juge d'instruction saisisse sans inventaire, examine, étudie sans contrôle tous les papiers trouvés chez un accusé [1]. Un magistrat, par son caractère durable et spécial, offre toutes les garanties désirables et répond, par lui-même, par son passé et par son avenir, de l'emploi honorable et sûr des pouvoirs qui lui sont conférés.

Mais, dans aucune législation, des experts temporaires (et je nommerai ceux-ci révolutionnaires) n'ont eu, n'ont pu avoir le pouvoir exorbitant qu'ils se sont arrogé.

C'est au nom de tous, que je proteste ici. Je reconnais au magistrat, dans les cas prévus par la loi, le droit illimité de pénétrer dans ma vie privée, pour les besoins de la justice, et de compter avec mes plus secrètes pensées; mais je ne reconnais pas ce droit délégué à des intrus, à des gens que le nom d'expert ne revêt pas d'un autre caractère que celui de

---

[1] Je sais que le Code d'instruction criminelle prescrit aux magistrats de rédiger un inventaire des pièces et des objets saisis, et qu'il veut que toutes les précautions soient prises pour s'assurer de l'identité desdits objets saisis, identité sans laquelle il n'y aurait pas d'instruction possible; mais ici je parle en bibliographe, je parle en homme, et non pas en jurisconsulte.

conseil pour le magistrat. Croyez-vous, Monsieur le juge d'instruction, que je daignerais répondre à un de ces experts, s'il m'interrogeait en se fondant sur un droit quelconque? Eh bien ! j'ai lieu de m'étonner, de m'indigner que mes correspondances (et je parle au nom de tous ceux dont les experts ont violé les lettres) aient été mises aux mains de gens qui n'ont pas qualité pour m'interroger de vive force dans le secret d'une lettre qu'ils ont fouillée. Ils sont là pour apprécier une écriture, rétablir des mots raturés, déchiffrer un hiéroglyphe, fournir enfin un renseignement de leur compétence, et toujours à la requête spéciale et directe du magistrat. Voilà tout.

Les experts, au contraire, ont pris possession de toutes les correspondances particulières de M. Libri; ils ont passé à leur alambic (et Dieu sait quel alambic !) non-seulement les pièces écrites par M. Libri, mais encore toutes celles émanées de ses amis, de ses connaissances, de toutes les personnes qui ont eu quelque relation avec lui pendant dix-huit ans. Je ne dis pas qu'ils ont enlevé ou détruit des papiers qui eussent été utiles à la cause de M. Libri ou qui auraient quelque importance relative; je ne dis pas qu'ils aient commis cet acte malhonnête, mais ils pouvaient le faire. La disparition d'une seule lettre intermédiaire rompt parfois le fil logique d'une correspondance et en pervertit le sens. Si quelque lettre de cette valeur venait à manquer, M. Libri ne serait-il pas en droit d'accuser les experts de l'avoir soustraite?

Quant à moi, par exemple, qui ai peut-être écrit dix fois à M. Libri, je ne sais en quelles circonstances (notamment, je crois, pour lui proposer l'acquisition des manuscrits de mon ami M. Motteley [1]), je déclare qu'il m'est très-pénible, très-

---

[1] Je lui ai écrit, si ma mémoire ne m'abuse pas, à propos de certains manuscrits et autographes qu'il désirait acquérir de mon respectable ami M. Villenave. Je crois me rappeler que M. Villenave lui céda ce que Barbier,

désagréable de voir mes lettres livrées, sans aucune nécessité, à des gens que je ne connais pas, ou n'aime pas, ou n'estime pas. C'est comme si l'on introduisait, par escalade, dans ma maison, des voleurs ou des ennemis.

Ce n'est pas tout, Monsieur le juge d'instruction ; après avoir parlé au nom de tous ceux qu'un fâcheux oubli du droit commun a exposés ainsi à l'inquisition plus ou moins décente des experts, je hasarderai une simple réflexion en faveur de M. Libri. M. *** a pu juger lui-même de ma stupéfaction et de mes sentiments intérieurs, quand il me déroulait le plus franchement du monde la manière dont il avait exercé son rôle d'expert paléographe.

On a dû déchiffrer, avec des peines infinies, l'écriture souvent indéchiffrable de M. Libri ; ses notes, ses brouillons ou ses copies de lettres en grec, en latin, en italien, en anglais, en allemand, en sténographie, en arabe, quelquefois, en figures de convention.

Les experts étaient-ils bien capables d'un pareil travail? Sont-ils bien versés dans les langues étrangères? dans la science des chiffres et des abréviations? Ont-ils bien lu? Ont-ils tout lu? Rappelez-vous ce courtisan de François Ier qui, lisant au roi une lettre latine de Henri VIII, traduisait bravement *molossos* par mulets !

l'estimable auteur du *Dictionnaire des Anonymes*, avait extrait du procès original de Galilée. Le manuscrit de ce procès est perdu depuis 1815, ou du moins il n'a pas été restitué aux archives de Rome, malgré les stipulations des traités. Pour que l'on n'accuse pas M. Libri de s'être emparé dudit manuscrit qui l'intéressait à tant d'égards, nous nous permettrons de citer un fragment de lettre que nous écrivait, en 1845, un savant anonyme (Berryat de Saint-Prix ?) : « Dans votre numéro du 10 septembre (*Bulletin des Arts*), vous déplorez la perte du manuscrit original du procès de Galilée. Je crois pouvoir vous annoncer que ce document précieux, qui avait dû être renvoyé à Rome en 1815, M. le duc de Blacas a jugé à propos de le garder chez lui, et Dieu sait ce qu'il sera devenu ou ce qu'il deviendra. Et voilà comme s'égarent ou se détruisent les objets les plus précieux! On ne pardonnera jamais à M. Barbier (homme très-estimable d'ailleurs) de l'avoir gardé chez lui si longtemps sans le rendre public. » On assure que Barbier n'avait pu le déchiffrer.

Ils ont fait des extraits! m'a dit M. ***; c'est-à-dire ils ont *choisi!* pour l'utilité de la cause? non; pour la commodité de leur idée fixe prédominante et préexistante! ils ont pris ceci et laissé cela; ceci est traduit par eux; cela est resté indéchiffré et non avenu. Ils ont fait cette belle opération pour des milliers de lettres! c'est M. *** qui me l'a dit encore avec la même candeur. On vous a donc remis, en bonne et lisible traduction, tout ce qui a paru suspect aux yeux des experts; mais le reste est encore dans les ténèbres, dans les limbes, dans le néant.

Je le répète, Monsieur le juge d'instruction, c'est là un procédé que vous ne pouvez admettre, et contre lequel se soulèvera votre raison comme votre justice. Vous savez ce qu'on peut tirer, induire, déduire, traduire d'un simple extrait? C'est pourquoi, devant les tribunaux, on ne reçoit une lettre que dans son entier. Un malin proverbe disait jadis qu'on faisait pendre un homme avec dix lignes de son écriture; que ne ferait-on pas avec dix mots *choisis* perfidement dans un ensemble de phrases, d'ailleurs fort innocentes?

Agréez, Monsieur le juge d'instruction, l'assurance de mes sentiments les plus distingués. Paul LACROIX
(Bibliophile Jacob).

28 juin 1849.

VI.

Monsieur le juge d'instruction,

Je vous demande la permission de vous donner quelques explications sur l'absence de M. Libri, absence que vous avez le pouvoir de faire cesser.

Quand M. Libri a quitté la France, au mois de mars 1848, après l'inqualifiable menace d'un rédacteur du *National*, menace produite en pleine Académie, avec le cynisme le plus révoltant, menace vraiment coupable aux yeux de la loi et avouée délibérément par son auteur (dans *le National* du 18 mai dernier; voy., à ce sujet, dans l'Appendice, une lettre adressée à M. le juge d'instruction, lors de la publication de l'article du *National*); M. Libri n'a fait que suivre les conseils des hommes les plus recommandables qui ont partagé ses craintes et qui savaient ce que peuvent les haines scientifiques et politiques.

M. Libri était signalé dès longtemps, par les journaux de l'opposition, comme le *séide* le plus ardent et le plus redoutable du ministère de M. Guizot; M. Libri avait, jusqu'au dernier moment, soutenu le ministère et le ministre; lorsqu'un crime ou une fatale erreur évoqua la guerre civile, le soir du 23 février, il était encore au ministère des affaires étrangères; comme M. Guizot, il devait se retirer et s'abstenir, pour attendre un temps meilleur où la justice reprendrait se droits.

Voilà comment M. Libri est sorti de France : malade depuis longtemps de la maladie qui s'est aggravée par les chagrins d'une si longue et si douloureuse prévention. S'il fût resté, s'il s'était constitué prisonnier, comme il le voulait d'abord, comme il l'a voulu souvent, il serait privé de sa liberté depuis quatorze mois [1], il aurait sans doute épuisé dans les tortures de la prison les dernières forces d'une vie qu'il ne conserve que pour défendre son honneur, réhabiliter son nom, punir ses calomniateurs. La grande joie pour ses ennemis, s'il fût mort en état de détention sous l'empire des préjugés et des iniquités qui l'avaient flétri dans l'opinion publique! La belle vengeance pour les savants et pour les politiques! car c'est le savant, c'est l'homme politique qu'on a toujours poursuivi dès le premier jour, en accusant M. Libri d'un crime imaginaire et impossible. Les malheureux qui ont soulevé toute cette ténébreuse machine d'accusation comprenaient bien sa portée; quatorze mois de prévention

---

[1] Ce n'est plus *quatorze* mois, c'est *dix-huit* mois qu'il faut dire aujourd'hui. L'instruction du procès de Fouquet n'a pas duré plus longtemps!

et de prétendue expertise; quatorze mois d'exil ou de prison ! Telle est l'œuvre des experts.

Non, Monsieur le juge d'instruction, ceci n'est point le fait de la magistrature; vous ne pouviez rien de définitif, avant la remise de ce Rapport, qui aura coûté quatorze mois [1] d'études, 7 ou 8,000 fr. de frais, et qui, d'après ce que j'en sais, ne fera pas grand honneur à l'impartialité et au savoir des experts.

Enfin, que ce Rapport, quel qu'il soit, se termine et vous soit livré, pour que la justice commence son œuvre et ce que j'appelle avec confiance l'éclatante réhabilitation de M. Libri.

Alors, il sera à vos ordres, Monsieur le juge d'instruction, si la terrible maladie qui vient encore de mettre sa vie en danger lui permet de quitter son lit et de se faire porter jusqu'au tribunal, où il pourra dire aux experts : « Vous m'avez tué, Messieurs. »

Depuis vingt jours, M. Libri a lutté contre une crise de la maladie que cette funeste série de persécutions morales a peut-être rendue incurable; de nombreuses applications de sangsues ont achevé de miner sa nature énergique : il est maintenant débile, éteint, incapable de supporter la moindre nourriture, la moindre fatigue; il ne peut plus écrire, il peut à peine parler [2].

Ce n'est pas la seule victime que l'horrible conspiration de ses ennemis aura faite : sa mère, sa noble mère, a succombé au chagrin profond que lui a causé toute cette affaire ; elle est morte au milieu des regrets de ses amis, les hommes

[1] Il faut dire aujourd'hui : *dix-huit* mois ; car les experts viennent seulement (30 août) de livrer la fin de leur rapport à M. le juge d'instruction !

[2] Depuis que cette lettre est écrite, une légère amélioration s'est produite dans l'état de santé de M. Libri, état que les premiers médecins de Londres considèrent toujours comme fort grave. Ce serait, selon eux, l'invasion de la goutte à l'estomac. Nous avons l'espoir que M. Libri achèvera de se rétablir, dès que ses ennemis cesseront de le persécuter, dès que la France, qui l'avait accueilli avec tant d'empressement, comme un de ses propres enfants, lui rendra cette glorieuse hospitalité.

les plus distingués de l'Italie, en les adjurant de protéger la réputation de son fils et en vouant les calomniateurs de M. Libri à la haine et au mépris des honnêtes gens de tous les pays et de tous les temps. En apprenant cette mort, qui entraînera peut-être (ce qu'à Dieu ne plaise) celle de M. Libri, je me suis rappelé le féroce acharnement que j'ai rencontré chez un des experts, et je n'ai point hésité, dans ma conscience, à les faire responsables, devant Dieu et devant les hommes, des déplorables conséquences de leur mandat.

M. Libri viendra, je vous en réponds, lorsque l'instruction sera assez complète pour qu'il n'ait point à craindre de passer sous les fourches caudines de la prison préventive; car, pour lui, la prison serait la mort presque immédiate, et il a besoin de vivre pour rechercher, pour atteindre, pour châtier à son tour les auteurs anonymes d'un complot contre sa liberté, sa fortune et son honneur. Jusque-là, tous les hommes sages et consciencieux approuveront son absence, qui n'a pas été, qui n'est pas, qui ne sera jamais une rébellion à la loi, ni un manquement au magistrat.

Quand M. Libri, lassé de ces lenteurs incroyables, doute de la justice humaine, éprouve les atteintes de ce découragement absolu que les plus grandes âmes ressentent quelquefois, je suis là pour lui crier d'attendre et de prendre patience, encore, encore, toujours, puisque, quand l'expert est tombé, le juge reste. C'est dans le juge, c'est dans le magistrat, droit, sincère, impartial, que j'ai foi entière. Il n'y a donc plus qu'une question de temps, et je compte sur vous, Monsieur le juge d'instruction, pour la trancher bientôt.

Agréez l'assurance de mes sentiments les plus distingués.

29 juin 1849.

PAUL LACROIX
(Bibliophile Jacob).

VII.

Monsieur le juge d'instruction,

J'ai déjà eu plus d'une fois l'occasion de protester auprès de vous contre des faits d'ignorance de la part des experts : je n'ai jamais voulu parler que de leur incompétence sur certains points spéciaux qui eussent réclamé des amateurs, des connaisseurs, plutôt que des érudits de profession.

Je suis assez impartial pour déclarer que, comme savants, les experts, anciens élèves de l'École des Chartes, ont une valeur réelle, incontestable : l'un est un compilateur fort estimable et souvent ingénieux ; l'autre, un habile discuteur historique ; le troisième, un patient annotateur. Mais je maintiens qu'ils étaient tous les trois à peu près incapables de bien remplir la mission qu'on leur a déférée, vu qu'ils ne se sont guère occupés, en ce qui concernait M. Libri, que de livres et d'autographes. Quant aux manuscrits, vous vous rappelez que l'un des experts m'a dit d'un air triomphant, qu'il avait la *presque certitude de prouver le vol d'un manuscrit*, commis par M. Libri dans une bibliothèque publique [1]!

J'eusse très-volontiers reconnu la compétence des experts dans la question des manuscrits, si cette question n'avait pas été réduite par eux-mêmes à un seul, et vous verrez que cet unique manuscrit ne sera pas plus illégitimement possédé par M. Libri que les autres composant sa collection, lorsqu'on voudra bien me permettre de donner l'acte de possession authentique du malheureux suspect.

Il est vrai que les experts croyaient ou pouvaient croire dans l'origine que leur compétence, en fait de manuscrits et

[1] C'était au mois de janvier dernier ; depuis lors, l'expert a eu le temps de rassembler les preuves et peut-être de découvrir le vol d'un *second* manuscrit. En tous cas, il n'a pas profité de l'offre que je lui ai faite alors de lui fournir la provenance certaine de *tous* les manuscrits que M. Libri a cédés à lord Asburnham.

en matière de diplomatique ou de paléographie, trouverait, dans l'affaire de M. Libri, ample sujet de s'exercer. Voici, à cet égard, un précieux extrait, que M. Libri a oublié de recueillir dans un recueil de jurisprudence, rédigé par des hommes de loi, et non par des bibliographes, le *Journal du Notariat* : « Avant-hier, en exécution d'une ordonnance délivrée par M. Hatton, juge d'instruction, M. Foucault, commissaire de police, a procédé à diverses perquisitions dans le domicile de plusieurs personnes désignées comme ayant reçu en dépôt de M. L**** des ouvrages provenant de soustractions commises par lui. Ces perquisitions ont été couronnées d'un plein succès. Ainsi, rue de l'Est, *trente volumes pris dans une bibliothèque* ont été retrouvés; *un même nombre d'ouvrages, également volés*, ont été découverts chez un relieur auquel ils avaient été confiés pour qu'il changeât leurs reliures; enfin, sans parler de plusieurs caisses remplies de livres, laissées rue Saint-Jacques, on a mis sous les scellés (rue d'Enfer, 49) 10,000 *volumes, provenant de vols de même nature*, et encore rue d'Enfer, 78, 20,000 autres volumes. » Ne tiendriez-vous pas beaucoup, Monsieur le juge d'instruction, à découvrir la main, d'où est parti ce renseignement précis et mathématique? *Se non è vero è bene trovato!* Qu'en pense un des experts? Certes, voilà plus de preuves qu'il n'en faut pour faire constater la culpabilité de M. Libri!

Lorsque les experts ont fait ou cru faire ces belles trouvailles, ils ne savaient rien ou presque rien de ce qui touche à la passion des livres et des autographes. Celui qui ne craint pas de dénoncer tout amateur comme un *voleur* (je vous ai signalé le fait), aurait dû se récuser, pour ne point s'exposer à mener en justice ses préjugés contre les amateurs en général, et contre M. Libri en particulier.

Cette circonstance explique pourquoi on a vu d'abord une accumulation de vols dans le fait d'un amateur qui rassemble des livres et qui, après en avoir joui, les expose aux chances d'une vente publique. Ainsi faisait Nodier, de si chère mémoire [1]. Ceux qui n'ont pas épargné la tombe récente de Nodier (voir la *Biographie universelle portative*) étaient bien dignes de poursuivre et d'attaquer M. Libri, connaisseur, amateur, collecteur de livres comme Nodier, et, comme Nodier, vendeur de livres. Lorsque les experts ont fait invasion dans le domicile de M. Libri, ils ont considéré comme *volé* tout livre imprimé sur vélin, ou portant une estampille ou un cachet quelconque de bibliothèque, à plus forte raison tout volume précieux! Le plus ignorant commis de librairie ancienne ne fût pas tombé dans les mauvais pas (de clerc) où ils se fourvoyaient à tout moment. Ils mirent sous les scellés le *Boccace*, acheté 2,300 fr. à la vente du prince d'Essling! Quant aux volumes à estampille, ils s'en donnèrent à cœur joie : les timbres de la Sorbonne, du collége Louis-le-Grand, du Prytanée, du cardinal Mazarin, du Tribunat, etc., éclataient à leurs yeux étonnés, comme de solennelles révélations contre M. Libri. Tout cela était réservé pour servir de pièces de conviction. Les experts étaient si neufs en fait de livres et d'estampilles, qu'ayant invité M. le directeur de la Bibliothèque de la Sorbonne à venir reconnaître les *siens*, ils ne trouvèrent rien à répondre, eux qualifiés d'experts, à cette incroyable et manifeste erreur : « La Bibliothèque actuelle de la Sorbonne n'est autre que celle du collége Louis-le-Grand. » Le savant M. Lebas, qui avait et qui a conservé longtemps cette préoccupation erronée, n'était pas, du

---

[1] Ainsi ont fait, font et feront la plupart des amateurs, qui, Dieu merci, ne sont pas des *voleurs*, comme l'ose dire M. ***, mais des conservateurs. Ce sont les amateurs qui ont sauvé l'arche sainte de la littérature antique, en sauvant quelques manuscrits. Si les amateurs avaient été plus nombreux alors, nous ne regretterions pas aujourd'hui la perte de tant d'ouvrages célèbres de Cicéron, de Tite-Live, de Varron, de Plaute, etc. Honneur et reconnaissance aux amateurs de tous les temps et de tous les pays!

moins, expert en cette occurrence. Mais les experts sont in-
struits, intelligents, je ne le conteste pas, et ils n'ont eu que
leur éducation à faire sur le chapitre des livres rares, des
estampilles, des bibliothèques vendues, des bibliothèques
de couvents et de châteaux mises sous le séquestre, du dépôt
des livres devenus propriété nationale, du commerce de la
vieille librairie, des reliures anciennes et modernes, du lavage et de la restauration des livres, etc. Enfin, leur éducation doit être faite après quatorze mois [1] d'expérience, et
ils ont sans doute pris à tâche de réparer leurs premières
fausses routes.

Ils n'étaient pas, que je sache, plus ferrés sur la question
des autographes, quoiqu'ils s'intitulassent avec raison pa-
léographes. C'était à faire aux amateurs (*id est* aux voleurs,
comme on l'a dit) d'approfondir les arcanes du goût et de
la science des autographes. Cette catégorie de vols avait été
omise dans le célèbre Rapport, auquel l'honorable M. Boucly,
dit-on, se déclare étranger de fait et d'intention. Belle occasion pour faire encore une éducation aux frais de la cause et
de l'intimé! Les experts ne se sont jamais souciés d'autographes; quand un honnête amateur, non collecteur, et, partant,
non voleur, s'indignait de la fabrication de faux autographes, et jetait seul un défi aux faussaires effrayés, les experts déclaraient dédaigneusement que la chose ne les re-
gardait pas; puis, entraînés par la polémique, bien malgré
eux, sur un terrain qui semblait de loin contigu à celui de
l'École des Chartes, ils faisaient acte de haute ignorance,
en arguant de faux un admirable, incontestable et inimi-
table autographe de Rabelais. Beau fait d'armes d'expertise
à mettre dans leur blason[2]!

[1] ERRATUM. Lisez aujourd'hui : *dix-huit* mois.

[2] Voy. dans le *Bulletin des Arts* et dans la chronique de la *Bibliothèque
de l'École des Chartes*, l'histoire aussi curieuse qu'instructive des faux autographes. Le dernier chapitre de cette histoire, lequel ne sera pas le
moins piquant, doit bientôt être publié par le premier de nos autographophiles, notre excellent et spirituel ami M. Feuillet de Conches.

Voyez ces experts, Monsieur le juge d'instruction, se réunir en concile pour donner leur avis sur un autographe vrai, *vraicissime*, et, après une mûre délibération, décider que l'autographe est une copie! Par contre, ils eussent maintenu à belles dents que les faux autographes étaient vrais et authentiques. Leur silence d'ailleurs semblait le dire. Ils ont tenu à justifier leur silence, depuis qu'ils se sont chargés des fonctions délicates d'experts : ils ont fait saisir, comme *ayant appartenu à la Bibliothèque Nationale*, un faux autographe de Rabelais, faux de texte, faux d'écriture, ridiculement, niaisement faux[1]. Et ce sont là des experts en fait d'autographes ?

Mais ils devraient savoir, du moins, que les collecteurs d'autographes appartiennent aux classes les plus élevées, les plus honorables de la société; que les autographophiles sont des hommes très-éclairés, très-instruits, comme le témoigne, comme l'exige la passion des autographes, si pleine de nécessités d'érudition et d'expérience ; que ce sont, enfin, presque tous, des hommes d'État, des magistrats, des diplomates, des prélats, des littérateurs ; que leurs noms seuls rehaussent la distinction de leur goût? Fi donc! les experts ne savent rien sur cet article, sinon que tous les autographes qui ne sont pas dans les archives et les bibliothèques, en proviennent sans doute, et sont bons à y mettre. De là, cette saisie d'un autographe de Léonard de Vinci, comme provenant de M. Libri et ayant été volé à la bibliothèque de l'Institut! Ils ne soupçonnaient pas que cet autographe, analogue, en effet, à la plupart des autographes connus de Léonard de Vinci, avait été vendu aux enchères par un res-

---

[1] Voy. dans la *Lettre à M. de Falloux*, par M. Libri (p. 323 et suiv.), la lettre que j'ai adressée à M. le juge d'instruction, en apprenant la saisie faite chez M. Charron, d'un faux autographe de Rabelais. Je me propose de publier une dissertation critique sur ce faux autographe.

pectable magistrat, M. Garnier, président du tribunal de La Rochelle [1] !

Certes, ils ignoraient, les experts, ce que sait le plus frais autographophile, l'origine des collections particulières, l'histoire du goût, de la manie des autographes, le prix courant de tel et tel nom, les ventes principales qui ont eu lieu, la *cuisine* de ces ventes, le caractère des vendeurs et des acheteurs, et le reste. Tout cela était lettre close pour eux, comme ils le reconnaîtront, comme ils l'ont reconnu, en ajoutant qu'ils se sont formé la main, c'est-à-dire les yeux. On peut les comparer à ces apprentis médecins, qui d'abord voient toutes les maladies du Formulaire dans les symptômes des malades, et qui déclareraient très-sérieusement qu'un mal de tête est une fièvre cérébrale. Ainsi firent les experts, en allant pour la première fois au feu des autographes.

Mais, dira-t-on, c'est à eux que l'on est redevable de la réintégration à la Bibliothèque Nationale de deux autographes (Rubens et Malherbe) qui étaient mis en vente, et dont les parties prenantes sont mises hors de cause? Nullement ; c'est mon honorable ami, M. Feuillet de Conches, qui, avant personne, a élevé des soupçons que les experts, l'oreille au vent, ont recueillis, et qu'ils ont fait suivre d'une commission rogatoire. Lesdits autographes sont réintégrés; est-ce là tout? Puisque les experts sont en quête des voleurs, peuvent-ils se contenter d'avoir retrouvé l'objet volé?

Il y a partout, dans leurs marches et contre-marches, la

---

[1] Il y aurait ici une plaisante histoire à raconter. Je me bornerai à dire que cet autographe avait été saisi chez M. Lefebvre, honnête marchand d'autographes, bien connu des amateurs, et ce, sur la dénonciation d'un personnage qui se persuada que cet autographe ne pouvait provenir que de M. Libri, et qui le fit saisir *comme objet volé à une collection publique*, nonobstant les réclamations du marchand indigné. Celui-ci, mandé peu de jours après chez M. le juge d'instruction, n'eut pas de peine à prouver que cet autographe provenait de la collection de M. Garnier. L'autographe lui fut rendu aussitôt, sans plus ample informé. Certains experts sont des *enfants terribles*, capables de compromettre le magistrat et la justice elle-même.

même tactique ; là où M. Libri ne saurait apparaître, de loin ni de près, en nom ni en fait, on ne se soucie pas de remuer ce que M. Naudet appelle « la cendre des morts. » Le département des manuscrits de la Bibliothèque Nationale a été mis en coupe réglée par les voleurs d'autographes, mais ce n'est point l'affaire des experts qui se bornent à répéter : « M. Libri a volé des autographes! » Prouvez-leur que ces vols ont été commis par un petit voleur novice, qui s'est fait la main avec le temps et l'usage ; prouvez-leur que des pièces sans mérite, sans valeur, des copies anciennes, des lettres simplement signées, des autographes obscurs, indifférents ou inutiles, ont été arrachés des recueils; prouvez-leur que certaines personnes, quasi inconnues, maintenant disparues, employées naguère aux Travaux historiques, n'ont pas laissé réputation bien odorante, même chez leurs collègues ; prouvez-leur que les belles pièces, citées dans l'*Isographie*, comme existant à la Bibliothèque Nationale, sont en circulation, depuis vingt ans, dans le monde des collectionneurs qui n'en peuvent mais ; prouvez-leur que la Bibliothèque du Roi a vendu elle-même, elle-même échangé des autographes, comme toutes les bibliothèques de France ont vendu, échangé des livres et des manuscrits, sous l'empire de la coutume et de la tolérance ; eh bien ! les experts seront fort en peine de répondre, sinon que M. Libri est un voleur d'autographes, valant un franc la pièce, et qu'ils ont trouvé le corps du délit !

Pour Dieu ! que l'on mette un de ces experts en présence d'un des hommes distingués qui aiment les autographes et qui en possèdent : l'expert sera bientôt forcé d'avouer qu'il n'entend rien à ce noble goût des autographes et qu'il n'est pas digne de le pratiquer. Ne l'ont-ils pas dit par la bouche de leur chef spirituel : « Tout amateur est un voleur ! »

Il est possible pourtant qu'à force de s'occuper d'autographes, de lire et de comparer des catalogues de ventes, d'inventorier des recueils, les experts aient acquis, à l'heure où j'écris, certaine habitude, certain tact, qui leur manquaient totalement. Mais il y a loin de là aux qualités d'un véritable autographophile.

Si les experts s'étaient contentés d'être élèves de l'École des Chartes, je m'inclinerais devant leur compétence, en fait de chartes et d'histoire.

Agréez, Monsieur le juge d'instruction, l'assurance de mes sentiments les plus distingués.

30 juin 1849.

PAUL LACROIX
(Bibliophile Jacob).

VIII.

Monsieur le juge d'instruction,

Je vais, pour ne pas abuser davantage de vos moments, vous adresser pour la dernière fois quelques notes qui compléteront l'ensemble d'une déposition ou d'une protestation, si vous autorisez cette façon de parler en faveur de M. Libri.

Je vous ferai remarquer d'abord, Monsieur le juge d'instruction, que je n'ai pas été appelé, malheureusement, à donner des détails sur un fait précis et spécial, à éclaircir devant vous un point désigné de l'accusation, à révéler, à constater certaine circonstance favorable ou non à l'accusé. Je n'ai pu que m'élever, de toute l'énergie de ma conviction, contre l'accusation même, en général ; je n'ai pu que protester, sans aucune réticence, et aussi sans la moindre hésitation, contre les calomnies monstrueuses et ridicules qui ont fait le désespoir de mon illustre ami, et qui ne prévaudront pas sur la vérité, sur l'honneur, sur la justice.

Je viens encore déposer entre vos mains le témoignage solennel de cette conviction, et déclarer hautement que je n'ai pas encore entrevu le plus léger indice, l'apparence la plus fugitive qui incriminât, à mes yeux, les antécédents de M. Libri.

Je défie, de nouveau, ses ennemis de produire l'ombre d'une preuve de sa culpabilité, et j'offre de briser comme verre toute présomption que l'erreur, l'ignorance ou la haine essayeraient de forger pour le perdre.

Ce n'est pas un avocat officieux qui oserait tenir ce langage, bien capable, ce me semble, de faire réfléchir un magistrat aussi consciencieux, aussi éprouvé que vous l'êtes ; c'est un ami convaincu et indigné qui défend son ami et qui en répond comme de lui-même.

J'ai appris de vous, et permettez-moi de le dire, avec étonnement, que les témoins avaient été entendus dans votre instruction : jusqu'alors (c'était à l'époque de la seconde visite que je vous ai faite) je n'avais pas ouï parler de citations de témoins, hormis ceux qui furent mandés devant vous par suite du Rapport de M. Boucly. Depuis, quelques témoins ont comparu, MM. Picchioni, Armand Bertin, Barrois, Génie, etc. Mais je regrette que les plus importants (dont M. Chabaille, sur les faits de la première expertise) aient été négligés [1]. Je ne parle pas de moi, dont vous voulez bien recevoir une note écrite au lieu d'une déposition orale, et je vous remercie sincèrement de m'avoir offert cette occasion de proclamer mon sentiment à l'égard de M. Libri et de l'accusation qu'on a évoquée contre lui. Sa cause est celle de tous les amateurs, de tous les possesseurs de livres, d'autographes et de manuscrits. A ce compte, les principaux

[1] M. Chabaille n'a pas été entendu, sans doute parce que M. le juge d'instruction était édifié sur les faits que M. Chabaille avait à lui rapporter concernant les premières armes des experts ; mais, en revanche, depuis que cette lettre est écrite, M. le juge d'instruction a mandé devant lui plusieurs témoins qui pouvaient éclairer sa religion. Nous ne pensons pas qu'une seule voix, excepté celle des experts, se soit élevée en faveur de l'accusation.

amateurs devraient être interrogés sur une nature de faits qui les concernent tous. Sans doute, les uns ne connaissent pas M. Libri, les autres ne savent absolument rien des particularités de son affaire; mais tous peuvent répondre à des questions générales qui leur seraient posées, et de l'ensemble de leurs réponses sortirait la justification de M. Libri.

Il ne m'appartient pas certainement, Monsieur le juge d'instruction, de vous suggérer, de vous spécifier les questions qui devraient être faites dans un intérêt général et particulier; je vous demande cependant la permission de vous indiquer celles qui me paraissent utiles au point de vue de la bibliographie.

1° Quelle est, quelle peut être l'origine des autographes qui ont formé les collections des amateurs et qui circulent dans le commerce?

2° Avant le procès de M. Libri, s'était-on jamais préoccupé de la provenance des autographes?

3° Avant l'année 1825, avait-on accordé aux autographes une valeur réelle ou pécuniaire, et les considérait-on autrement que comme papiers historiques?

4° Est-il facile, est-il possible de reconnaître qu'un autographe sans estampille provient d'un dépôt public?

5° S'est-il fait, à diverses époques, des soustractions notables d'autographes et de papiers historiques dans les dépôts publics, notamment aux Archives du Royaume en 1817, lorsqu'un archiviste a enseveli tout ce mystère dans la Seine, où il s'est noyé [1]?

6° Les Bibliothèques des départements ont-elles vendu ou échangé des livres et des manuscrits, sous les auspices de leurs bibliothécaires autorisés?

7° Les départements et les villes ont-ils souvent fait

[1] Nous demanderons aussi ce qui s'est passé aux Archives de la République, depuis février 1848, depuis que M. Libri est à Londres, depuis que les experts se sont mis à la piste des voleurs d'autographes.

vendre au poids d'importantes collections de papiers historiques et de parchemins?

8° Comment a eu lieu, depuis 1830, la destruction ou
dispersion des Archives de la marine à Versailles?

9° Sait-on des faits particuliers relatifs à la vente ou à
l'échange des livres et des manuscrits par les bibliothécaires
et les conseils municipaux?

10° Est-il possible, avec la meilleure foi du monde,
d'apprécier, de près comme de loin, la première origine
d'un livre, d'un autographe ou d'un manuscrit, qu'on fait
acheter, d'après l'indication d'un catalogue, plus ou moins
exact, dans une vente publique en France ou à l'étranger?

11° Les grandes collections de livres, de manuscrits et
d'autographes ne renferment-elles pas nécessairement, à
l'insu de leurs propriétaires, des objets provenant des dépôts
publics et cependant possédés fort légitimement?

12° Est-il possible de préciser l'époque de la soustraction
d'un autographe dans un recueil, ou d'un volume dans une
collection, attendu que collection et recueil sont entrés,
d'ordinaire, dans les dépôts publics sans aucun inventaire,
sans aucun examen?

13° Peut-on prétendre, peut-on soutenir, par exemple,
que les grandes collections de manuscrits de la Bibliothèque
Nationale étaient intactes, complètes, lors de leur entrée
dans cet établissement?

14° Existe-t-il une corrélation toujours parfaite entre
d'anciens catalogues et des collections qui ont pu changer de
situation depuis la confection de ces catalogues?

15° Les amateurs, avant d'acheter d'un inconnu un livre,
un autographe, un manuscrit, étaient-ils dans l'usage de
demander une preuve d'origine pour la pièce, un certificat
d'honnêteté pour le vendeur? N'agissaient-ils pas, en se
fondant sur cet axiome du droit français : *Possession vaut titre?*

16° Est-il un seul collectionneur, fût-ce le plus loyal,

le plus honorablement connu, qui voudrait, qui oserait déclarer que tout ce qu'il possède légitimement est à l'abri de revendication de la part des dépôts publics ?

17° A quel indice reconnaître ce qu'on peut acquérir et posséder, en fait d'objets de collection, sans avoir à craindre une revendication plus ou moins fondée ?

18° Est-il un seul amateur, qui, dans la position de M. Libri, ne serait exposé aux mêmes soupçons, aux mêmes enquêtes, aux mêmes erreurs ?

19° Quelle opinion a-t-on de la conduite et des procédés des experts dans l'affaire Libri ?

20° La compétence des experts, en matière de livres, d'autographes et de manuscrits, est-elle admise, est-elle admissible ?

Ces questions et tant d'autres du même genre, Monsieur le juge d'instruction, auraient l'avantage de vous bien renseigner sur le fond, sur la nature de l'accusation, que des dénonciateurs anonymes sont parvenus à soulever contre M. Libri et à mettre un moment sous la main de la justice.

Si du moins ces dénonciations avaient pour résultat de faire rechercher les dénonciateurs, leurs menées souterraines et le but de leurs calomnies ! Si du moins, après avoir essayé d'attribuer à M. Libri tous les détournements qui ont eu lieu dans les dépôts publics, on en venait à découvrir les véritables auteurs de ces détournements !

Mais, pour les questions majeures que le procès de M. Libri met en jeu, c'est aux hommes spéciaux qu'il appartient de les traiter, de les résoudre ou du moins de les élucider.

C'est aux amateurs d'autographes qu'il faut demander des renseignements sur cet objet : les noms de MM. Feuillet de Conches, Fossé d'Arcosse, de Monmerqué, de Flers, Chambry, Alex. Martin, sont les premiers qui se présentent à la pensée, puisque Pixérécourt, Villenave, Aimé Martin, Chateaugiron, n'existent plus.

C'est aux amateurs de livres, c'est aux bibliothécaires qu'il faut demander ce qui concerne les livres. Il suffit de citer parmi les amateurs-possesseurs de livres : MM. Cousin, Walckenaer, Paulin Paris, Cigongne, Pichon, Motteley, etc.; parmi les bibliothécaires : Magnin, Champollion-Figeac, Barbier, Ferdinand Denis, tous ceux enfin qui connaissent l'histoire de la formation des Bibliothèques publiques.

C'est aux libraires surtout qui font les ventes et qui les suivent, c'est aux libraires qu'il appartient de raconter naïvement ce qu'ils savent des livres et des manuscrits qui se vendent et qui s'achètent tous les jours. Les Merlin, Tilliard, Duprat, Silvestre, Techener, Potier, Guillemot, Deslions, Jannet, etc., confirmeront, j'en suis sûr, tout ce que j'ai pu avancer à l'égard des ventes à l'encan.

Je n'ai tant et si longuement insisté sur les observations qui découlent de l'affaire de M. Libri, que parce que cette affaire, Monsieur le juge d'instruction, est toute neuve dans les annales de la justice et de la procédure : je me crois plus apte que personne à en signaler les étranges erreurs, non pas au point de vue judiciaire, mais au point de vue bibliographique. Il importe que le juge, qui décide dans sa conscience et qui pose seul des conclusions, soit éclairé sur le mérite des faits qu'on lui a soumis, en leur ôtant leur véritable caractère.

Je ne crains pas de le répéter, pour le présent et pour l'avenir, l'accusation de détournements de livres, intentée contre M. Libri, n'a jamais eu de base ni de portée. C'est l'œuvre de quelques ennemis secrets, auxquels sont venues en aide les singulières illusions de quelques maniaques. Cette accusation repose sur des dénonciations anonymes dont les auteurs devraient être recherchés dans tous les temps, et surtout en temps de république.

On a creusé la terre d'abord pour crier dans un trou : « M. Libri a volé dans les Bibliothèques publiques », et

des roseaux ont poussé par là-dessus, qui répètent à l'envi :
« M. Libri a volé. » Il n'y a là qu'un écho trompeur, créé
par artifice et servi par le hasard.

Oh ! du moment que j'aurai entrevu ou même entre-soup-
çonné un acte coupable commis au préjudice de ces Bibliothèques, que je défends depuis vingt ans contre l'oubli,
l'abandon et la négligence des ayants cause, je serai le premier à dire : « A moi, d'Assas, ce sont les ennemis ! » Je
connais, j'aime, j'estime assez M. Libri, pour être sûr qu'en
toutes circonstances il a, il aurait agi dans l'intérêt de nos
Bibliothèques, comme je l'ai fait souvent, comme je veux
toujours le faire.

Je n'ai pas trop présumé de votre équité et aussi de votre
bienveillance, Monsieur le juge d'instruction, en vous adres-
sant la véhémente protestation que mon esprit et mon cœur
me dictent à la fois en faveur de M. Libri, innocent, et pourtant calomnié, insulté, poursuivi, exilé, persécuté depuis
plus de quatorze mois [1].

Agréez, Monsieur le juge d'instruction, l'assurance de
mes sentiments les plus distingués.

2 juillet 1849.

PAUL LACROIX
(Bibliophile Jacob).

P. S. Les experts n'ont pas craint d'émettre un doute
injurieux sur ce qu'ils nomment « la fortune rapide et scan-
daleuse de M. Libri » et sur ses *fâcheux antécédents* en Italie :
j'ose espérer que vous voudrez bien entendre, à cet égard,
deux Italiens, M. le baron de Friddani, ancien ami de feue
Mme Libri, et l'illustre abbé Gioberti, tous deux investis naguère encore d'une mission diplomatique auprès du gouvernement français.

---

[1] ERRATUM. Lisez toujours : *dix-huit* mois.

IX.

Monsieur le juge d'instruction,

L'état de la santé de M. Libri est un obstacle insurmontable au désir qu'il aurait de se rendre à Paris pour répondre à un interrogatoire. Je le regrette d'autant plus que cet interrogatoire ferait évanouir comme une ombre les fantômes que la *furia francese* des experts a créés de toutes parts au profit de l'accusation contre un illustre Italien. Le certificat des médecins de Londres, constatant la gravité de la maladie de M. Libri, a été déposé entre les mains de M. le procureur général et de M. le procureur de la République. Vous pourrez en prendre connaissance. En attendant, M. Libri, malade, demande instamment depuis plusieurs mois qu'on lui permette de revenir à Paris en liberté, *sous caution*, pour repousser les sottes et odieuses calomnies dont il est l'objet.

J'espère que l'interrogatoire de M. Libri ne sera pas nécessaire pour vous démontrer que toute cette affaire repose sur des calomnies d'ancienne date et n'a jamais présenté le plus léger corps de délit. Malgré l'égoïsme monstrueux dans lequel est tombée la société de notre époque, je vois avec plaisir que M. Libri, persécuté, exilé, ne manque pas d'éminents défenseurs qui protestent avec moi contre l'essence même de l'accusation. Quant aux accusateurs, s'il en est, ils se cachent sous la sauvegarde de l'anonyme.

Permettez-moi, Monsieur le juge d'instruction, puisque j'ai l'honneur de vous écrire encore une fois, permettez-moi de vous transmettre certains faits que me fournit ma correspondance avec les bibliophiles des départements.

Un des experts, muni de vos pleins pouvoirs, fait des perquisitions dans les bibliothèques publiques du Midi [1] pour y dé-

[1] Si MM. les experts sont allés explorer les Bibliothèques publiques du Nord et de l'Ouest, ils auront sans doute constaté certaines particularités singulières de l'histoire contemporaine de ces Bibliothèques. Ainsi, par

couvrir les détournements de livres et de manuscrits, qui auraient été commis par M. Libri dans l'exercice de ses fonctions
de délégué du ministre de l'instruction publique. Cet expert
n'a pu que recueillir les témoignages les plus honorables en
faveur de M. Libri qui a laissé partout le souvenir de son
immense savoir, de sa politesse exquise et de son infatigable
libéralité. M. *** néanmoins, en dépit de son caractère
d'expert, a manifesté tant d'acrimonie partiale à l'égard
du savant mis en cause, qu'il s'est attiré de vives et sévères
admonitions de la part des bibliothécaires. Je citerai M. de
Monfalcon, conservateur de la Bibliothèque de Lyon, parmi
ceux qui ont essayé de ramener M. *** au sentiment du
devoir. Le bibliothécaire de Grenoble a été si surpris de
l'acharnement de l'expert contre sa victime, qu'il vient d'é-
crire à Paris pour être mieux renseigné.

A propos de la visite de l'expert dans la Bibliothèque de
Lyon, je consignerai ici un fait capital que je vous ai signalé
en passant et qui mérite d'être enregistré dès à présent
parmi les pièces du procès. M. *** a présenté au bibliothécaire cinq titres de livres portant l'estampille de la
Bibliothèque de Lyon, lesquels auraient été trouvés, a-t-il
dit, au domicile de M. Libri. Vérification faite, les cinq
ouvrages dont auraient dû provenir ces titres isolés, étaient
en place sur les rayons, mais intacts, avec leurs titres respec-
tifs, dûment estampillés !

Quels sont donc ces cinq titres à estampilles ? D'où vien-

exemple, le conservateur de celle de Rouen leur a sans doute confirmé ce
que son prédécesseur, Théodore Licquet, a écrit dans les notes de sa traduction du *Voyage pittoresque en France*, par Dibdin (Paris, Crapelet, 1825,
4 vol. in-8°). La Bibliothèque de Rouen, qui possédait, après les confisca-
tions de 93, DEUX CENT CINQUANTE MILLE VOLUMES, n'en avait plus que
VINGT-SIX MILLE en 1825; tout le reste ayant été vendu, dilapidé ou rendu
aux émigrés. Et cependant, il faut bien l'avouer, en 1825 M. Libri n'était
point encore venu se fixer parmi nous et rédiger dans notre langue son
admirable *Histoire des sciences mathématiques* ? Qu'en dit l'expert ?

4

nent-ils? Comment expliquer leur intrusion chez M. Libri,
si tant est qu'on les ait découverts chez lui ?

M. Libri, qui a eu connaissance de ce fait, s'abstient de
toute conjecture : il déclare toutefois, avec énergie, que ces
titres détachés de livres à l'estampille de la Bibliothèque de
Lyon n'existaient pas chez lui au moment de son départ de
France.

Je ne hasarderai donc aucune conjecture à l'égard de ces
titres de livres, mais je rappellerai seulement que la Bibliothèque de Lyon a vendu ses doubles, en 1831, aux enchères
publiques : le catalogue de cette vente, rédigé par M. Péri-
caud, est imprimé. Je rappellerai, en outre, que vers le
mois de juillet 1848, plusieurs journaux quotidiens de
Paris ont répété une note qui se rapporte évidemment aux
cinq ouvrages à l'estampille de la Bibliothèque de Lyon.
Dans cette note, que je vais rechercher avec soin, il était dit
expressément qu'on avait découvert au domicile de M. Libri
un carton rempli de titres de livres offrant les estampilles
de nos principales Bibliothèques publiques, et que plusieurs
de ces estampilles étaient déjà grattées ou à demi effacées,
ce qui semblait indiquer les procédés employés par M. Libri
pour dissimuler la provenance des livres soustraits dans les
Bibliothèques de la France [1].

---

[1] Les experts auraient-ils, par hasard, pris pour un *carton de titres à estampilles* un carton dans lequel se trouvaient des titres ou des feuillets de
livres qu'on avait fait ou qu'on devait faire laver, parce qu'ils étaient sales,
sans que le corps des livres eux-mêmes eût besoin de cette lessive? Ce serait là une nouvelle preuve de l'ignorance des experts qui ne savent pas
que les bibliophiles *font* de beaux exemplaires et que l'illustre M. Boisson-
nade a créé le mot *biblialatrique* pour spécifier l'art de restaurer les livres?
Les Gaignat, les Girardot de Prefond, les Lavallière, etc., ont dépensé des
sommes prodigieuses à ces restaurations qui nous ont conservé tant de livres
rares. M. Libri aimait la biblialatrique (Boiste avait inventé l'affreux mot
biblioguiancie, pour exprimer la même chose); il éprouvait une sorte de joie
à voir un beau livre, naguère taché, piqué, fatigué, et maintenant rajeuni
et brillant, au sortir des mains de Duru, Abry, Vigna, etc. Mais les experts
ne comprennent pas sans doute cette douce et bienfaisante satisfaction du
médecin qui sauve un malade?

Qui avait fait insérer cette note dans les journaux?

Quelle est, au fond, la valeur de cette note? Ce carton, rempli de titres de livres à estampilles, existe-t-il réellement? S'il existe (ce dont je doute fort), comment interpréter l'origine et la destination de ces titres de livres?

On aura sans doute découvert aussi les livres eux-mêmes, privés de leurs titres qu'ils ne devaient reprendre qu'après le lavage ou le grattage des estampilles?

Si ces livres manquent, à quoi bon ces titres?

Voudrait-on insinuer que M. Libri imitait ce bibliopole malhonnête qui s'en allait dans les bibliothèques publiques, armé d'un petit canif avec lequel il coupait adroitement les titres des livres, destinés à remplacer des titres défectueux ou manquants dans les exemplaires qu'il possédait? Ce serait réduire à des proportions lilliputiennes les vols du savant Italien qui, au dire des experts, n'est venu en France que pour piller nos bibliothèques et nos archives, comme un nouvel Attila. Et encore, dans cette misérable hypothèse, faudrait-il prouver que M. Libri achetait des livres incomplets?

Enfin, Monsieur le juge d'instruction, je vous apprendrai qu'à ma prière, un de mes amis, un des premiers bibliographes de la France, M. Gustave Brunet, de Bordeaux, s'est occupé, d'après les catalogues de ventes, de dresser un état authentique de l'origine des livres rares qui ont figuré dans la vente de la Bibliothèque de M. Libri. M. Gustave Brunet, sans autre secours que celui des catalogues annotés, aura prouvé péremptoirement la légitime possession des livres que M. Libri a fait vendre en 1847. Etait-il donc besoin de remuer, cinq mois durant, avec tant de fracas, ainsi que l'ont fait les experts, la Bibliothèque Nationale de Paris, pour arriver à prouver que cette Bibliothèque, qui a laissé se perdre un si grand nombre de volumes précieux, ne saurait en revendiquer un seul parmi les collections de

M. Libri [1]? Le travail de M. Gustave Brunet, qui a fait pour les livres de M. Libri ce que j'ai fait pour les manuscrits, ce travail bibliographique ne sera pas la moindre punition infligée à l'ignorance furieuse des experts.

Agréez, Monsieur le juge d'instruction, l'assurance de mes sentiments les plus distingués.

PAUL LACROIX
(Bibliophile Jacob).

Août 1849.

---

[1] Voy. dans l'Appendice une lettre adressée à M. Naudet, administrateur général de la Bibliothèque Nationale, sans préjudice d'autres lettres *du même au même* sur la Bibliothèque, sur l'administration de cet établissement, sur les livres égarés ou volés, sur les catalogues, etc.

APPENDICE.

Il importe de consigner ici une lettre adressée à M. le juge d'instruction vers la fin du mois de mai dernier, lettre qui a précédé ainsi celles que M. Paul Lacroix lui adressa depuis, à titre de déposition.

Monsieur,

Depuis que je me suis présenté à votre cabinet, le fait spécial que M. *** m'avait confié comme une preuve *terrible* contre M. Libri, et qu'il m'avait forcé ensuite à garder au fond de ma conscience, ce fait (la découverte de notes autographes constatant la provenance coupable de certains feuillets de manuscrits trouvés dans les papiers de M. Libri), ce fait, dis-je, s'est produit, je ne sais par quelle voie, et il est venu à mes oreilles par l'intermédiaire de M. Leverrier, de l'Académie des sciences. Je me suis donc trouvé dégagé de ma parole donnée et tenue avec toute la probité dont je fais profession. J'ai demandé alors des renseignements à M. Libri, et ces renseignements sont tellement satisfaisants, que je me propose de vous les apporter moi-même, mardi ou mercredi, en votre cabinet.

Je veux aussi vous signaler un autre fait dont vous apprécierez la gravité. M. T***, dans un article du *National*, du vendredi 18 mai, a reconnu vrai l'acte inqualifiable dont il s'est fait l'auteur à l'égard de M. Libri, lorsqu'il lui remit en pleine académie l'injonction menaçante de quitter la place. Ce n'est pas tout : M. T***, pour infirmer la version du billet que M. Libri citait de *mémoire*, avec les souvenirs de deux témoins oculaires, M. T*** donne lui-même le texte de ce billet, qu'il n'annonce pas avoir pris dans sa mémoire. De là, trois arguments redoutables : 1° ou ce billet a été rapporté par lui, d'après ses propres souvenirs, et je n'ai pas lieu de le croire, lui agent provocateur et agressif, plutôt que MM. Libri, Paulin, etc.; 2° ou ce billet est transcrit d'après un brouillon, d'après une copie quelconque, antérieure au billet, et, dans ce cas, la préméditation de l'acte de M. T*** en augmente la portée et en incrimine le sens ; 3° ou enfin, ce qui est plus probable, ce billet est tiré d'une copie officieusement fournie pour le besoin de la cause, et alors c'est un procédé que je livre à votre jugement.

Ce procédé prouve d'ailleurs ce que je sais de science certaine, c'est que l'un des trois experts a ses entrées libres à la rédaction du *National*, et qu'il est l'instigateur, sinon l'auteur des attaques de ce journal contre M. Libri. Mais j'apprends que ces experts, dont la conduite restera dans l'histoire de la science, ont fini leur œuvre. Ils ne sont donc plus sous la sauvegarde de la justice, en tant que savants et juges compétents. Je vais pouvoir entrer moi-même dans la lice, et réaliser cette juste appréciation d'un éminent magistrat : « Ce ne sont pas des juges ordinaires que réclame une cause de cette nature, ce sont des savants et des hommes tels que vous, Monsieur, car ici, il faut l'avouer, tout est pour nous doute et confusion. »

Le rôle des experts fini, celui de la magistrature commence ; et je suis pour ma part, Monsieur, très-confiant dans le résultat prochain de cette affaire.

Recevez, Monsieur, l'assurance de mes sentiments les plus distingués.

PAUL LACROIX
(Bibliophile Jacob).

En attendant que nous apprenions au public des bibliophiles et à M. l'administrateur de la Bibliothèque Nationale lui-même quelles sont les principales pertes que cette Bibliothèque a faites dans ses collections, il n'est pas inutile, pour la moralité du fait, de publier une lettre que nous avons écrite à M. Naudet, après la lecture de sa *Lettre à M. Libri au sujet de quelques passages de sa lettre à M. de Falloux*. Nous répondrons bientôt à M. Naudet pour notre compte personnel, en regrettant d'avoir à lui donner des leçons de bibliothécaire, ce qui lui fera faire peut-être une singulière figure de rhétorique. Il ne s'agit ici que de sa conduite actuelle à l'égard de M. Libri, bien différente de celle qu'il se rappellera sans doute avoir tenue naguère envers celui-ci à une autre époque ! *Quantum mutatus ab illo*, M. l'ancien professeur de collége ! Dans ce temps-là, M. Naudet n'était pas encore l'enfant gâté du *National*. Voici donc l'épître que nous avons adressée à l'auteur de la *Lettre à M. Libri*, dans laquelle il est question de la fameuse « figure que les rhéteurs appellent *hendiadys* » :

MONSIEUR,

Ce qui m'a étonné, ce qui m'a surtout affligé dans votre *Lettre à M. Libri*, ce n'est pas le fait même de cette polémique inutile et inopportune, c'est votre silence à l'égard de l'infâme et ridicule accusation qu'on a osé porter contre votre illustre confrère.

Il ne vous appartient pas de *corriger* M. Libri, disiez-vous; mais il vous appartenait de le défendre et de protester hautement contre les calomnies qui ont poursuivi avec tant de fureur un savant que vous entouriez, il n'y a pas longtemps, de votre *politesse* et de vos prévenances.

Je vous ai sans doute critiqué comme administrateur de bibliothèque, ou plutôt comme représentant d'un système funeste en fait de bibliothèques publiques; mais j'eusse été le premier, moi qui ne vous connais pas, à protester avec indignation, si l'on avait jamais calomnié votre probité, et en vous défendant alors, j'aurais cru défendre la science tout entière.

Mais non, M. Libri est accusé stupidement d'avoir volé des livres et des manuscrits, et vous n'avez pas un cri d'étonnement, de pitié et d'horreur à faire entendre dans une cause qui est celle de tous les bibliothécaires!

Je me trompe : vous ne craignez pas de laisser planer un soupçon de vol sur mes *amis!* En revanche, vous vous montrez ardent à couvrir d'un bouclier d'immunité « *les humbles rangs de vos collaborateurs* [1] ». Je n'accuse personne, Monsieur; mais, à coup sûr, ce n'est pas vos honorables confrères de l'Institut que

---

[1] M. Libri a dit dans sa *Lettre à M. de Falloux* (p. 254) : « *Sans faire aucune application personnelle,* je prendrai la liberté de rappeler que l'administration des postes refusa, pendant quelque temps, d'admettre que des soustractions de lettres et de valeurs considérables pussent avoir lieu par le fait de certains employés... Croit-on que ce soit dans l'administration des postes seulement, que des employés, peu ou point rétribués, que des personnes appelées du dehors pour des travaux extraordinaires, et qui ne recevaient qu'une faible indemnité, aient pu chercher, *à une époque quelconque,* à profiter des trésors qui étaient mis sans contrôle à leur disposition? Je ne dis rien que je ne puisse, au besoin, appuyer sur des *documents.* »

M. Naudet, sans avoir aucun égard aux deux passages imprimés en italique, fait semblant de croire que M. Libri a cherché, *dans les humbles rangs des collaborateurs* de M. l'administrateur général, des victimes à sacrifier. De là, grande colère à froid (comment s'appelle cette figure de rhétorique, s'il vous plaît?) et défi porté à M. Libri de nommer les coupables... « Ou

j'hésiterai jamais à déclarer incapables d'un vol de livres ou de manuscrits.

Il me semblait que M. Libri ne devait pas avoir de plus énergique défenseur que vous, Monsieur, qui l'avez connu, qui

que votre silence, ajoute majestueusement M. le professeur, retombe sur vous de tout le poids de la calomnie ! »

J'ignore quels sont les documents, à l'aide desquels M. Libri, qui s'exprime, on vient de le voir, avec une grande réserve, pourrait satisfaire la curiosité de M. Naudet. En tous cas, M. Libri a déjà publié des pièces assez curieuses, pour qu'on doive supposer qu'il n'a pas gardé les moins piquantes entre ses mains. Sans aller chercher M. Libri à Londres, M. l'administrateur général trouvera, à Paris même, d'autres personnes qui lui fourniront d'utiles renseignements. Je me bornerai à lui citer un passage très-significatif d'un écrit de M. Paulin Paris, qu'il n'a pas eu le temps de lire, sans doute, au milieu des soins continuels de son administration :
« On distingue les livres confisqués sur les émigrés et les communautés
« religieuses, par le nom de *fonds du résidu*. Comme ils ne portaient ni
« l'estampille ni les lettres représentatives des matières, ce fut, on le
« devine, dans cette partie des collections que l'on eut à déplorer le
« plus de pertes. Nul moyen de constater les absences, nulle obliga-
« tion de remplacer ce qu'on ne se lassait pas d'enlever, car, je le ré-
« pète, il n'existait, pour ce précieux *résidu*, nul catalogue, nul inven-
« taire; à peine un procès-verbal oublié, constatant que tel jour étaient en-
« trés tant de livres provenant du citoyen Conti, de la citoyenne Orléans, de
« l'émigré Grammont, de *l'épouse du tyran*, etc. Combien de volumes du-
« rent disparaître dans ce quart de siècle ! *et quelle sécurité pouvait offrir le*
« *corps des employés subalternes, les jeunes employés même*, d'un ordre plus
« élevé, qui, reçus aux appointements de 1,200 fr., étaient souvent ren-
« voyés avant que l'année ne fût écoulée? On peut juger des effets de la
« négligence et de la cupidité, dans le fonds du *résidu*, par les pertes con-
« sidérables éprouvées dans les séries les mieux ordonnées, c'est-à-dire
« dans le *fonds porté*. Faites aujourd'hui ce qu'on ne paraît pas avoir en-
« core eu le temps de faire ; comparez les articles du Catalogue imprimé
« en 1740, avec les volumes en place : *Vous ne retrouverez pas dix ouvrages*
« *de suite*, et dans ces dix ouvrages, celui qui *manquera constamment* à
« l'appel, ne sera pas le moins précieux ni le plus facile à remplacer. »

Il manque donc, d'après la déclaration désintéressée et raisonnée d'un conservateur de la Bibliothèque Nationale, *un volume sur dix*, dans les livres du Catalogue imprimé et un plus grand nombre encore dans les livres non catalogués. Or, sur 800,000 volumes dont se compose la Bibliothèque Nationale, il y en a ou il y en avait, en 1847, 250,000 seulement, portés au Catalogue; c'est encore M. Paulin Paris qui nous l'apprend. Il n'est pas nécessaire d'être un grand mathématicien pour reconnaître que je n'ai malheureusement pas exagéré en annonçant que 50,000 volumes avaient été détournés de la Bibliothèque Nationale. Si M. Naudet conteste ce calcul, je lui demanderai de vouloir bien donner le *chiffre exact et officiel* des volumes qui manquent. C'est la seule réponse que je puisse accepter de lui.

lui témoigniez tant d'estime, et qui savez bien, au fond, que M. Libri n'a pas commis d'autre délit que d'être fidèle à ses amitiés, à ses principes et à son caractère.

Quant à moi, Monsieur, je ne puis que vous remercier de la nouvelle occasion, que vous m'offrez de si bonne grâce, de mettre en évidence le déplorable système qui s'acharne à détruire et à inutiliser la Bibliothèque Nationale. J'ai pu avoir vis-à-vis de vous, je l'avoue franchement, des torts dans la forme de ma polémique, mais j'ai toujours eu raison dans le fond, et je n'ai jamais été inspiré que par des sentiments désintéressés, honnêtes, élevés.

Ce sont ces sentiments qui m'ont fait le champion de M. Libri et de tous les possesseurs de livres, d'autographes et de manuscrits. Il est des savants, je le sais, qui n'ont pour bibliothèque que l'Almanach royal ou national : ces savants sont à l'abri des imputations calomnieuses qui ont attaqué Maugérard, Prunelle et M. Libri.

Je regrette, Monsieur, de ne vous avoir pas trouvé sur le terrain noble et généreux où se sont placés l'admirable bibliothécaire du *Muséum* de Londres, M. Panizzi, son collègue ; le savant géographe, M. Holmes ; le grand mathématicien de Morgan, et tant d'autres célèbres savants et bibliothécaires de l'Allemagne et de l'Italie.

Agréez, Monsieur, l'assurance de mes sentiments distingués.

PAUL LACROIX
(Bibliophile Jacob).

25 juin 1849.

Dans son inconcevable *Lettre à M. Libri*, M. Naudet, dont *la foi et la conscience* ont été si brusquement réduites à leur juste valeur par M. Cretaine, libraire, dans une publication très-récente, s'est plaint amèrement que j'eusse publié un fait notoire : « 50,000 VOLUMES ONT DISPARU, A DIFFÉRENTES ÉPOQUES, DE LA BIBLIOTHÈQUE NATIONALE. » C'est là une exagération impardonnable aux yeux de M. Naudet, qui veut nous faire croire que la Bibliothèque qu'il dirige ou administre n'a éprouvé que des pertes insignifiantes et faciles à réparer. Or, si M. l'administrateur général de ladite Bibliothèque daignait prendre la peine de lire ce qu'impriment des conservateurs de cette même Bibliothèque, *qui connaissent les livres*, il saurait qu'un de ses savants confrères à l'Institut, M. Paulin Paris, dont personne ne récusera le témoignage bibliographique, a déclaré lui-même, sans penser à mal : « que la Bibliothèque Royale avait perdu, « *depuis un siècle*, plus de 20,000 volumes, par l'effet de l'an- « cienne négligence, par l'effet du désordre du *fonds de résidu*, « par l'effet matériel de l'interruption de l'impression du Cata- « logue. » (*De la nécessité de commencer, achever, et publier le Catalogue général des livres imprimés*. Paris, 1847, in-8º, 2ᵉ édit. p. 57.)

Qu'on ajoute seulement à ces 20,000 volumes perdus, les 11,530 volumes qui, d'après un rapport fait par M. Letronne au ministre de l'instruction publique, manquaient en 1834 à la Bibliothèque, dans 4,248 ouvrages lesquels, en leur entier, auraient dû former 23,316 volumes : on arrivera ainsi à un chiffre assez imposant, sans préjudice des volumes qui ont pu disparaître depuis 1834, et sans même que je songe à me prévaloir de l'élastique ENVIRON, répété si malheureusement, en haine de l'exactitude, dans un relevé que l'on nous donne comme officiel! (Voyez la *Lettre de M. Naudet à M. Libri*, p. 38.) Je ne m'étendrai pas davantage aujourd'hui sur ce point qui m'occupera plus longuement ailleurs.

Toutefois, pour l'édification de M. l'administrateur général qui ne pêche jamais que par ignorance, je reproduirai ici un autre passage de l'excellent écrit de M. Paulin Paris, à propos d'un volume *qui fut absent pendant un siècle :* « M. le directeur « (M. Naudet) seul, entre tous les lecteurs de Paris, paraît igno- « rer qu'il y a, dans la circulation commerciale ou dans les « cabinets particuliers, plus de 20,000 volumes volés depuis un « siècle à la Bibliothèque du Roi, et que tous les quais regorgent « de ces livres, sur lesquels l'estampille a disparu ou n'a ja- « mais été frappée, mais qui présentent à l'œil exercé les mar- « ques fort distinctes de nos collections, dont elles gardent soit « la reliure, soit les chiffres, soit les lettres de séries, soit quel- « ques mots écrits au crayon par des mains faciles à reconnaî- « tre, etc. » Si M. Naudet veut absolument cacher au public les pertes éprouvées par la Bibliothèque Nationale, il devra enjoindre aux conservateurs de cet établissement de ne rien dire et de ne rien publier là-dessus. Ce serait un article additionnel à glisser dans le règlement du Conservatoire :

Ainsi le veut la liberté !

Nous sommes forcé, bien à regret, de publier ici une lettre essentiellement confidentielle, qui est devenue, à notre insu et malgré nous, une des pièces secrètes de l'instruction.

Cette lettre, dont l'intention est trop honorable pour que nous ayons besoin de la justifier, fut adressée à M. Ludovic L***, le 1er juillet dernier, lorsque nous apprîmes avec autant de chagrin que d'étonnement l'arrestation de son frère, M. Léon L***, à l'occasion des événements du 13 juin. Nos anciennes relations avec MM. L*** et leur famille expliquaient assez l'impression sous laquelle cette lettre était écrite. Mais, par une de ces distractions ou de ces préoccupations qui sont si fréquentes chez les hommes de plume, l'adresse de la lettre portait le nom de *Léon* au lieu de *Ludovic* L***. Les deux frères étaient absents : l'un à la Conciergerie, l'autre en voyage ; ma lettre, reçue par une personne qui ne la comprit pas ou ne voulait pas la comprendre, alla, dit-on, accompagnée d'étranges commentaires, tomber dans les mains du procureur général de la République, et ensuite dans celles du juge d'instruction ! Nous nous contenterons de donner à ces commentaires, si tant est qu'ils aient osé se produire, *le démenti le plus formel et le plus énergique ;* c'est pour mieux constater ce démenti, que nous croyons nécessaire de publier cette lettre, qui ne peut que nous faire honneur, et qui, dans aucun cas, ne devait figurer dans le dossier d'un juge d'instruction. Nous livrons ce fait, sans commentaires, à l'appréciation d'un juge souverain qu'on nomme conscience ou morale :

1er juillet 1849.

La dernière fois que je vous ai vu chez vous au sujet de l'affaire de M. Libri, notre longue conversation m'a laissé, je vous l'avoue, une impression de tristesse et de découragement, sous le poids de laquelle je me suis retrouvé toutes les fois que j'ai pensé à l'aveugle fureur des haines et des préjugés qui ont déclaré la guerre à M. Libri. Je ne m'étais pas accoutumé à vous voir tant de sécheresse, tant de dureté, malgré votre ancienne conduite à l'égard de M. ***, que j'ai toujours blâmée. Je savais que les querelles d'érudition sont les plus tenaces, les plus féroces, quoiqu'elles ne répandent guère que de l'encre au lieu de sang ; je savais que M. Libri pouvait compter sur des ennemis acharnés, mais, je ne vous le cacherai pas, le fait a surpassé tout ce que je pouvais prévoir ou présumer en ce genre. Vous ne vous étonnerez pas si, placé dans un camp opposé au vôtre, je poursuis, même contre vous et bien à regret, non-seulement la défense de mon illustre ami, mais même sa réhabilitation, mais encore le châtiment moral de ses calomniateurs.

Rappelez-vous, en faisant un retour sur vous-même, les paroles prophétiques que je vous adressai avec une sorte de solennité qui résultait d'un sentiment profond et vrai : « Plaise à Dieu que vous n'ayez pas, pour vous et les vôtres, à être jugé comme vous jugez M. Libri ! Plaise à Dieu que vous ne sentiez pas un jour toutes les souffrances que M. Libri, victime innocente, a dû éprouver [1] ».

Ces paroles ont pu certainement vous revenir à l'esprit, quand vous voyez votre pauvre frère, dont la haute intelligence et le caractère honorable méritent tant de sympathie, en butte à des poursuites, à une accusation, qui m'inspirent une bien vive sollicitude. Je voudrais, pour beaucoup, que mon témoignage eût quelque valeur pour lui venir en aide, et si le hasard m'avait fait maître d'un document qui pût lui nuire, ou qui prêtât matière à interprétation hostile, je me couperais la main ou la langue plutôt que de donner des armes à ses ennemis. Dites-lui, je vous prie, toute la part que je prends au coup qui vient de l'atteindre, et qui, je l'espère, ne l'arrêtera pas dans sa carrière scientifique et politique. J'ose espérer aussi que les dénonciations anonymes qui ont si cruellement attaqué M. Libri à la souterraine, ne viendront pas miner la position de votre frère, et compromettre son avenir.

Je vous écris pour vous avertir que le *gros* fait que vous m'aviez confié sous le sceau du secret, c'est-à-dire l'indication de pièces trouvées en original dans les papiers de M. Libri, que ce fait dont vous m'empêchiez de rechercher et d'expliquer l'origine, a été mis en circulation, je ne sais par quel canal, « comme preuve irrécusable de la culpabilité de M. Libri. » J'ai donc pu examiner ce fait, et le soumettre à une enquête contradictoire. Je dus prévenir alors M. le juge d'instruction de la publicité donnée à ce fait, qui me revenait du côté de M. Leverrier. J'étais donc libre de porter mon attention sur un point que vous m'aviez interdit auparavant.

Il m'a suffi de bien peu d'études pour établir l'inanité de ce fait, qui s'est dissipé en vapeur dès que j'ai pénétré dans le nuage que vous aviez mis sur un *terrible accusateur* de M. Libri.

[1] Je n'ai pas oublié que M. L*** me répondit avec chaleur : « Fût-ce mon meilleur ami, fût-ce mon propre frère, je n'hésiterais pas à le sacrifier, si je le savais, si je le croyais coupable ! »

Je n'ai eu besoin que d'ouvrir mes propres carnets de travail, remplis de notes puisées çà et là dans mes lectures, dans les catalogues surtout. Chacun de ces carnets désigne quelques milliers d'autographes, ou pièces historiques, dont je serais fort en peine de dire aujourd'hui la forme ou le but, et que ma mémoire n'a pas enregistrés chez elle. La plupart de ces notes, recueillies à l'aventure, sont, pour ainsi dire, des *en cas* de travailleur, car il est d'usage de se munir à l'avance pour les travaux d'érudition. Eh bien ! faites de moi un collecteur d'autographes ; que j'achète, par unité ou par masse, des papiers d'archives ; que je les entasse pendant plusieurs années, et il y a cent à parier qu'on trouvera, dans ces amas d'autographes, loyalement acquis, quelques pièces illégitimement sorties des dépôts publics. N'est-ce pas la mine que les voleurs ont fouillée, et les lingots de cette mine, long-temps cachés, ne sont-ils pas répandus dans toutes les collections ? Un fait que vous avez regardé comme une preuve contre M. Libri, est donc plutôt, à mon avis, une preuve en sa faveur ? Les voleurs n'ont pas l'habitude de dresser inventaire des *vols à faire*, et du moins, dans un inventaire de cette espèce, ils ne passeraient pas sous silence les diamants, pour marquer minutieusement les cailloux.

Enfin, je regrette d'avoir à me retrouver bientôt dans une autre polémique, qui me tient fort à cœur, et qui n'est pas étrangère à quelqu'un de votre famille : l'achèvement du Louvre[1].

Votre ancien ami,

PAUL LACROIX

(Bibliophile Jacob).

---

[1] On sait que je suis de longue date l'adversaire le plus dévoué de tous les plans d'architectes, qui ont pour objet le déplacement de la Bibliothèque Nationale. Je me trouvais donc naturellement opposé au nouveau projet de MM. Visconti et Trélat pour l'achèvement du Louvre, projet fondé sur la démolition des bâtiments actuels de la Bibliothèque. On a répandu le bruit qu'une parenté d'alliance existait entre M. Trélat et M. L*** : j'avais ajouté foi, je l'avouerai, à ce bruit que les intéressés n'avaient pas encore pris la peine de démentir. Voilà pourquoi je croyais devoir annoncer à M. Ludovic L*** la nouvelle croisade que je venais d'entreprendre et de prêcher pour sauver la Bibliothèque contre les démolisseurs et les architectes.

Post-Scriptum.— Au moment où nous venions de lire la dernière épreuve de ce Recueil de lettres, nous avons été forcé d'en écrire une qui va clore notre correspondance avec M. le juge d'instruction.

Monsieur le juge d'instruction,

S'il en est temps encore, je vous prie de vouloir bien ajouter au dossier de M. Libri la lettre que j'ai l'honneur de vous adresser. Cette lettre, ainsi que celles qui l'ont précédée, servira bientôt de fanal et de jalon dans l'enquête que M. Libri, à son retour en France, ne manquera pas de provoquer.

Un de mes amis, un bibliophile qui arrive de Carpentras (les experts en sont bien revenus), me raconte le fait suivant, dans lequel je vois la continuation d'un système déjà pratiqué ailleurs contre M. Libri.

Ce bibliophile voulut examiner dans les manuscrits de Peiresc, que possède la bibliothèque de Carpentras, deux lettres de Gassendi : ces deux lettres manquaient. Il le fit remarquer au bibliothécaire, qui lui répondit avec une admirable candeur : « MM. les experts m'ont appris, en effet, que ces lettres avaient été enlevées par M. Libri ; mais elles ne sont pas perdues pour cela, et MM. les experts m'ont promis de me les faire remettre, à la fin du procès qui s'achève à Paris. J'ai pris bonne note de leur promesse, et j'y compte. »

On verra tôt ou tard qu'il ne faut jamais compter sans les experts.

Rappelons-nous que M. Libri, qu'on ose accuser d'avoir spolié, en 1840, les manuscrits de Peiresc, à Carpentras, a donné généreusement, en 1834, à la Bibliothèque royale de Paris, un manuscrit de la collection de Peiresc, qu'il avait acheté sur un quai. *Qu'on se le dise*, à Carpentras.

Agréez, Monsieur le juge d'instruction, l'assurance des sentiments les plus distingués.

PAUL LACROIX
(Bibliophile Jacob).

28 août 1849.

Sans insister ici sur le système adopté invariablement pour les besoins de l'expertise, sans discuter même la valeur du nouveau fait introduit par les experts dans l'instruction de l'affaire de M. Libri, on pourrait leur demander s'ils entendent garantir à la bibliothèque de Carpentras la totalité des manuscrits de Peiresc.

Cette bibliothèque (comme le prouve Haenel dans ses *Catalogi*, col. 115) a perdu, de 1808 à 1825, plus de 1,300 manuscrits, et ceux de la collection Peiresc n'ont pas été plus respectés que les autres. Si les experts élevaient la prétention de faire rentrer à Carpentras tout ce qui existe ailleurs de manuscrits provenant de cet illustre collecteur, ils éprouveraient peut-être quelque difficulté imprévue, car depuis longtemps les manuscrits de Peiresc ont été non-seulement dépouillés, mais encore dispersés, et leurs fragments se sont répandus partout, après avoir figuré dans des ventes aux enchères. Le bibliothécaire de Carpentras (Saint-Veran) écrivait à Millin, en 1797 (*Magas. encycl.*, 3ᵉ année, t. II, p. 503 et suiv.), que les manuscrits de Peiresc, conservés alors dans la bibliothèque de cette ville, se composaient de quatre-vingt-six volumes, « tous en bon état, si l'on en excepte deux, ou trois, *auxquels il manque quelques feuillets.* » Il souhaitait qu'on parvînt à réunir à Carpentras les *débris épars de cette riche collection*, et il signalait l'existence de ces débris dans différentes mains : « Les autres manuscrits de Peiresc, ajoute-t-il, sont égarés ou perdus. » C'est aux experts qu'il appartiendra sans doute de réaliser le vœu de l'ancien bibliothécaire de Carpentras, en réunissant *tous* les manuscrits de Peiresc dans cette bienheureuse ville.

La première porte à laquelle les experts devront frapper, s'ils veulent réintégrer à Carpentras toute la collection de Peiresc, c'est la porte de M. Naudet, directeur ou administrateur général de la Bibliothèque Nationale de Paris ; car, sans parler de beaucoup de recueils qui sont venus de Carpentras se fixer dans cette Bibliothèque, nous savons qu'on y trouvera : 1º une multitude de lettres précieuses adressées à Peiresc, par tous les savants de l'Europe, lettres que la Bibliothèque a fait relier assez récemment en dix volumes, lettres dérobées, nous assure-t-on, à la bibliothèque de Carpentras ; 2º la moitié d'un recueil de Peiresc, intitulé : *Mathematica*, recueil dont l'autre moitié est restée à Carpentras, etc.

Ce serait chose curieuse de voir la Bibliothèque Nationale, qui réclame si aveuglément ce qu'elle croit lui avoir appartenu autrefois, forcée de subir à son tour l'application de sa jurisprudence en fait de restitution. On sait d'ailleurs que la Bibliothèque Nationale a bien rendu (quand elle s'appelait *Royale*) les soixante-dix-neuf volumes manuscrits que M. Desnaus, conseiller au parlement de Besançon, avait *volés, en les cachant sous son manteau,* à la bibliothèque de Bourgogne à Bruxelles, en 1749. Voyez, à propos de ce singulier incident, le magnifique *Catalogue des manuscrits des ducs de Bourgogne,* publié par ordre du gouvernement belge (Bruxelles, 1842, 3 vol. in-folio), tom. I, p. CLIV et suiv.

En attendant, nous invitons MM. les experts et M. l'administrateur général de la Bibliothèque Nationale à s'expliquer mutuellement l'adage latin : *Par pari refertur,* qui peut se rapporter aux bibliothèques aussi bien qu'aux bibliothécaires.

En vente chez le même éditeur.

RÉPONSE DE G. LIBRI AU RAPPORT DE M. BOUCLY, publié dans le Moniteur universel du 19 mars 1848. — In-8°; prix, 2 fr.

LETTRE A M. DE FALLOUX, ministre de l'Instruction publique et des cultes, par G. LIBRI. — In-8° ; prix, 4 fr.

LETTRE A M. PAUL LACROIX (bibliophile JACOB), contenant un curieux épisode de l'histoire des bibliothèques publiques, avec quelques faits nouveaux relatifs à M. LIBRI et à l'odieuse persécution dont il est l'objet, par Ach. JUBINAL, ex-professeur à la Faculté des lettres de Montpellier.—In-8°; prix, 1 fr.

LETTRE AU BIBLIOPHILE JACOB, au sujet de l'odieuse accusation portée contre M. Libri, avec des recherches bibliographiques sur les collections de ce savant, sur les soustractions commises dans les bibliothèques publiques et sur les livres à estampille, par Gustave BRUNET, de Bordeaux. — In-8°.

SOUS PRESSE :

CATALOGUE RAISONNÉ DES MANUSCRITS RASSEMBLÉS par M. Guillaume LIBRI et possédés aujourd'hui par lord ASHBURNHAM; précédé d'un Mémoire sur les Bibliothèques et les Archives publiques de la France, par Paul LACROIX (bibliophile JACOB), membre du Comité des Monuments historiques et du Comité des Documents inédits de l'Histoire de France. — Un vol. in-8°.

LES CENT ET UNE Lettres à M. l'administrateur général de la Bibliothèque Nationale, par le bibliophile JACOB.—In-8°.

DIVERS OPUSCULES relatifs à l'affaire Libri, par plusieurs savants et bibliophiles, etc.

Typographie HENNUYER et Cᵉ, rue Lemercier, 24. Batignolles.

www.ingramcontent.com/pod-product-compliance
Lightning Source LLC
LaVergne TN
LVHW022025080426
835513LV00009B/883